U0135449

常书鸿全集

新疆石窟艺术

学术顾问　饶宗颐　樊锦诗　柴剑虹

主　　编　常沙娜

执行主编　陈志明

常书鸿　著

CNS 湖南文艺出版社

图书在版编目（CIP）数据

新疆石窟艺术 / 常书鸿著 .—长沙 : 湖南文艺出版社，2022.10
（常书鸿全集 / 常沙娜主编）
ISBN 978-7-5726-0026-5

Ⅰ . ①新… Ⅱ . ①常… Ⅲ . ①石窟—研究—新疆 Ⅳ . ① K879.204

中国版本图书馆 CIP 数据核字（2021）第 012452 号

新疆石窟艺术

XINJIANG SHIKU YISHU

作　　者：常书鸿
主　　编：常沙娜
执行主编：陈志明
出 版 人：陈新文
监　　制：曾昭来　谭菁菁
策　　划：吕苗莉
统　　筹：李涓
责任编辑：吕苗莉　谢朗宁　李涓
校对统筹：黄晓
校　　对：胡伟英
书籍设计：萧睿子
排　　版：百愚文化
印制总监：李阔

出　　版：湖南文艺出版社
　　　　　（湖南省长沙市东二环一段 508 号 邮编：410014）
网　　址：www.hnwy.net
印　　刷：湖南省众鑫印务有限公司
经　　销：新华书店
开　　本：880 mm×1230 mm　1/32
字　　数：207 千字
印　　张：9.25
版　　次：2022 年 10 月第 1 版
印　　次：2022 年 10 月第 1 次印刷
书　　号：ISBN 978-7-5726-0026-5
定　　价：99.00 元

本书封面图由敦煌研究院提供。

百折不悔敦煌魂（代序）

常沙娜

我的父亲，著名画家常书鸿带着他那对敦煌艺术事业无限的希望和未竟的遗憾，走完了他那充满拼搏的人生征途。但他的一生与我的成长道路却是如此地紧密相连，他一生中的坎坷成败与悲欢离合，他那锲而不舍的无私献身精神，时时都在滋养着我的心灵，深深地影响着我的人生观和艺术经历。

一

父亲经常说，自从他在巴黎塞纳河畔的书摊上见到伯希和的《敦煌石窟图录》，他后来的命运，也包括我们全家的生活，都与敦煌紧紧地相连，并结下了不解之缘。半个世纪以来，父亲乃至我们全家虽然先后在敦煌都经历了人间的悲欢离合，但情和魂却永系敦煌！父亲给我留下的最深刻的印象，就是不论遇到何种困难险阻，只要是他认定了的，他总是带着自信和不屈服于命运的那股犟劲（他自称是"杭铁头"），坚持着他对信仰的执着追求，并用这种精神锤炼着我，教育着我。自从我母亲不幸出走，为了敦煌的艺术事业，为了支撑这个家，照料年幼的弟弟，父亲在痛苦中毅然决定让我从酒泉的河西中学退学回千佛洞，并亲自为我安排了周密的文化学习计划，我一面承担家庭的生活重担，一面随他学习临摹壁画。他规定我每天必须早起，先练字（以唐人经书为字帖），后学法语（练习朗读法语一个小时）。他请董希文先生帮我辅导语文和西洋美术史，还请苏莹辉先生辅导我中国美术史。此外，他更要求我与大人一样每天上班去洞窟临摹壁画，并严格要求我从客观临摹着手（当时分为客观临摹、复原临摹、整理临摹），由表及里，顺着壁画原来的敷色层次来画，自北魏、西魏、隋、唐、五代、宋等朝代的代表洞的重点壁画全面临摹一遍。在临摹唐代壁画时，先让我向邵芳老师学习工笔重彩人物画法，由此给我打下了造型基础。父亲在每个环节上都必然耐心地指点，要求一丝不苟，从来不因为我年纪尚小可以比大人少画或随意些，相反，都以大人的标准和数量来要求我。每逢傍晚他也让我参加大人的行列，学会自制土黄、土红、锌白等颜料，还用矾纸、桐油油纸，以代替拷贝纸。这一切都引起了我极大的兴趣。通过对表面的客观临摹，他要求我逐渐把对壁画的时代风格、内容与形式、汉代传统与西域影响的特征的认识，从感性提高到理性。通过他的指点和董希文、潘絜兹等老师的示范，我很快就能得心应手地掌握各个不同时代不同风格的壁画的摹写。我在临摹的后期，尤对北魏、西魏、隋代的壁画产生了特殊的偏爱，很喜欢这个时期的伎乐人和力士。那些浑厚粗犷的笔触，加上"小字脸"的勾点，把神态和表情表现得具有洒脱的情趣和装饰性。父亲曾向我分析说："这与20世纪前半期法国画家鲁奥注重线条表现力的粗犷画风很有相似之处。"他借此向我介绍了欧洲各类画派的形成和特色。

二

后来，我又在沈福文先生以及来自成都国立艺专的沈先生的学生黄文馥、欧阳琳、薛德嘉的影响下，对敦煌的历代装饰图案如藻井、佛光、边饰等进行了专题的临摹。由于父亲鼓励我多方面接触和体会，从而了解整体的时代风格，由此掌握绘画的技法，在他亲自教导及其他老师的示范帮助下，我置身在敦煌这座艺术宫殿里，任我在浩瀚的传统艺术海洋中尽情地遨游。

敦煌的冬季漫长而寒冷，滴水成冰，洞窟内无法作画，父亲就利用这个临摹的淡季，组织大家在室内围着火炉画素描、速写，请来的模特儿都是当地憨厚纯朴的老乡，我也跟着大人一起学习画素描。他还利用冬季深入少数民族如哈萨克族牧民生活区体验生活，住蒙古包，骑马，吃手抓羊肉，他也利用这种机会画了一批生动有意义的速写。生活虽然艰苦，但非常充实，让我受益匪浅，许许多多的事情我至今难忘！

除了临摹画画、学习以外，我还要照顾年幼的弟弟和父亲的生活，这也迫使我获得了较强的生活能力。父亲就是这样因势利导地教育和培养着我。凡是他要求我去做的我都能愉快主动地完成，唯有早起练唐人经书体没有坚持，至今深感遗憾！

父亲那种锲而不舍的精神，使他在敦煌事业中突破一个又一个的困难。他善于将不利因素转化为有利的条件，他一方面承担着维持当时敦煌研究所的日常行政工作，一方面为争取保护敦煌石窟最基本的条件而开展对敦煌艺术的临摹研究工作，生活上还要培育未成年的子女。在西北沙漠荒山中，经济的困窘、自然环境的威胁等这一切对多年留学法国的画家、知识分子的父亲来说是难以想象的。但是父亲凭借他坚韧不拔的毅力，迎着困难一关又一关地顶了过来。他恰似当地的红柳，把根扎得很深，透过层层的沙石戈壁吸吮着有限的水分，凭着那细密的叶子，不论是严寒还是酷暑，都能转危为安，巍然挺立。

三

父亲既善于克服困难，又非常热爱生活，在困顿中寻找生活的乐趣。1946 年夏，他从重庆新聘一批艺专毕业的大学生，购置了图书、绘画器材及生活必需用品，乘着新得到的美式十轮卡车，并带着我和弟弟重返敦煌。由重庆出发途经成都北上，经川北绵阳、剑阁、广元后进入甘南的天水直到兰州，经历一个多月的时间，行程 1500 多公里，长途跋涉，异常艰难。就在这样的条件下父亲居然提出要从重庆带上一对活鸭和一对活鹅，装在竹筐内并固定在卡车的前面，由我负责沿途喂食，同时还要照顾弟弟。很多朋友和老乡看到带着鸭鹅的卡车都觉得很奇怪，父亲却风趣地说："也让它们移居敦煌，让敦煌的老乡看看除了鸡以外还有鸭和鹅哩！"这两对鸭、鹅陪伴着我们经过千辛万苦终于到达千佛洞，并在此定居下来。来年春天即开始下蛋，繁衍生息。四月初八千佛洞正值浴佛节的庙会，热闹非凡，老乡看到已破壳而出的小鸭子，都稀奇地问道："这小鸡子咋会长出扁扁嘴？"从此，千佛洞和敦煌县就开始有了鸭群。父亲还从四川带回各种花籽播撒在千佛洞的生活区，开得最茂盛的要算是波斯菊，上寺、中寺的院内从此就盛开着红、粉、白、紫的潇洒秀丽的波斯菊，映着橙黄色的向日葵，衬托着蔚蓝的天空，把这些荒沙戈壁中的院落点缀得格外灿烂，这景色曾给我留下极深的印象。父亲爱惜着千佛洞的一草一木，自从 40 年代他定居敦煌后，就给千佛洞立下了规矩，每年都必须种植树木，要把树林带逐年向北延伸扩展。经过 40 多年的努力，新树林带已延伸到下寺一公里以外，这对改造荒沙戈壁的自然环境来说是件百年大计之举。凡在千佛洞待过的人都知道"常书鸿视树木如生命"。正因为如此，在"文革"那个年代，"造反派"批斗他时，竟然采用了高呼一次"打倒常书鸿"便砍倒一棵树给他看的手段，以此来达到更深地刺伤他老人家的目的。

四

父亲的一生是勤奋不息的一生，在我的记忆中他从来没有图过清闲安逸，而总是把自己的工作日程排得满满的。直到年老体弱、脑力不济，他才放慢了生活的节奏，但在他精神稍好时，仍在家中或病房中坚持画静物或写字，偶尔还书写格言。他多次教导儿孙们："业精于勤，荒于嬉。"而他对于敦煌艺术事业的热爱与追求，正是他始终念念不忘、奋斗不懈的精神动力！

"不入虎穴，焉得虎子"及"萨埵那太子舍身饲虎"的精神，始终激励着他，成了他工作不息的鞭策。父亲不是单纯从事创作的画家，而是有渊博学识的学者，他把中西文化与绘画史的学识，融汇在他从事了近半个世纪的敦煌艺术的研究与保护工作中。他既能高瞻远瞩，又能从最基础的工作着手，竭尽全力从残垣断壁中保护这座伟大艺术宝库中的一砖一瓦；同时还以博大胸怀，团结一批忠实于敦煌艺术事业的专家学者，更以精深的学识将敦煌艺术的保护和研究事业不断向前推进。

五

父亲是浙江杭州人，并至终乡音未改，他在西北 40 多年仍操着浓重的杭州口音。当他叙述起青少年时代在家乡的情景时，总是那样地依恋：如何提着个篮儿到河边去捞鱼虾，到坟堆地里翻砖砾找油黑的老蛐蛐……对于这些回忆他都讲得绘声绘色。1982年父亲有机会重返杭州参加他的母校——浙江大学85周年的校庆活动，1983年他又专门回杭州为浙大创作了一幅大型油画《攀登珠穆朗玛峰》，在此期间他又重温了他青少年时代的旧情旧景。1988年浙江美院在杭州又举办了他的个人画展，这些活动都更增加了他对家乡人的情意。但是家乡再好，父亲仍是"魂系敦煌"，当他临近九旬时竟然提出："我已老而不死，但以后死也要死到敦煌！"当时我很不以为然地说："您胡说什么呀，人家都说您半辈子都在保护敦煌菩萨，菩萨会保佑您长寿的。"他接着说："人总是要死的，如果死在北京，骨灰还是要送回敦煌的！"没想到这一席话竟真成了他至终魂系敦煌的遗愿——他是把敦煌作为维系他生命所在的"故乡"来看待的。父亲的部分骨灰也终于如愿地送回到这令他牵肠挂肚半个世纪的千佛洞。愿他伴着九层楼叮当不息的风铃与那窟群中的飞天永远翱翔！愿他与那千百年来为敦煌艺术付出心力的无数创造者一样，与敦煌的艺术永存！

父亲有过一句全家人都知晓的名言："我不是佛教徒，不相信转世，不过，如果真的再有一次托生为人，我将还是常书鸿，我还要去完成那些尚未做完的工作！我的人生选择没有错，我没有一件让我后悔的事！"

1991年6月6日，我在父亲的房间里看到他用毛笔工工整整地写了这样一段话："人生是战斗的连接，每当一个困难被克服，另一个困难便会出现。人生就是困难的反复，但我决不后退。

我的青春不会再来，但不论有多大的困难，我一定要战斗到最后！——八十八叟常书鸿"。

父亲是这样说的，也是这样做的。这就是曾被世人赞誉的"敦煌守护神"的常书鸿对人生的真实写照！

将父亲毕生之作整理出版，是我多年来的心愿。在湖南文艺出版社的持续推动下，《常书鸿全集》即将付梓问世。欣喜之情，难以言表。此时，父亲百折不悔守敦煌的一生，令我追思无限，谨以这篇旧文代序，怀念我的父亲，纪念《常书鸿全集》出版。

写于 2021 年 12 月

目
录

绪论

新疆石窟艺术是我们中华民族珍贵的文化遗产。它是古代聚居我国新疆地区的各族劳动人民在固有的民族文化传统上接受外来影响之后开放出来的智慧的花朵，亦是汉唐时期沿着"丝绸之路"中国与印度、波斯、希腊、罗马各国人民在文化交流的关系中产生的丰硕的果实。通过这些艺术作品，我们不但可以摸索到约自公元第 3 世纪到 14 世纪的一千多年中，中国佛教艺术在创始和发展过程中演变的情况，而且充分证明了中国人民如何善于在民族艺术的优良传统上吸收和融合外来文化的因素从而丰富了艺术创作的园地。

这个现在属于我国新疆维吾尔自治区正在积极从事社会主义现代化建设的广大地域，在过去的时代曾经有许多由各民族组织成的部落部族性质的小国家。《后汉书》上记载着有三十六国，后来又分为五十五国。天山以北由游牧民族建立的行国暂且不论，只在天山以南塔里木盆地周围比较著名的大国就有于阗（现在的和田）、龟兹（现在的库车）、疏勒（现在的喀什）和鄯善（现在的若羌）等国。当时这些地区的人民大都依靠大戈壁边缘的水草地耕种农田和放牧牲畜来过活。水草田的周围全为高山大岭所环绕，北面是天山，西面是帕米尔高原，南面是昆仑山和喀喇昆仑山。因为雨量稀少，高山积雪融化形成的水流成为灌溉农田的主要水源，在戈壁滩上形成了一个个绿洲。特别是沿塔里木河畔及其支流两岸，都是黄土构成的农田，土地肥沃，对于谷物及瓜果的生产都很适宜；每当春光明媚的时节，田野上桃红柳绿，桑麻遍野，真有置身江南的感觉。两千多年来，聚居在此地的各族人民，都根据他们自己的习俗在生活和劳作着。但这些处在古代中西交通要道上的各个小国，在汉文化的基础上，在不同程度上也受到西方文化的影响。从今天在吐鲁番、库车、和田等处发现的文物看来，古代通行在这里的除汉语外，还有于阗语、焉耆语、龟兹语（即吐火罗语）、粟特语（即康居或窣利语）、梵语和回鹘语等。在宗教方面，佛教以外，还有景教（Nestorianism）、摩尼教（Manichaeism）和祆教（Zoroastrianism）等。就是当 10 世纪末伊斯兰教传播到此地之后，佛教、景教、摩尼教等还同时是不同民族的信仰和崇拜的对象。从地上遗存和出土的其他文物考察，这里还有充分反映汉代特点的丝毛棉麻织物、陶器、货币以及在广泛吸收中外文化基础上创造的具有西域独特风味的壁画、雕塑等艺术品。

要认识上述文化遗迹的历史，应该追溯到两千多年以前的西汉时代。"汉兴至于孝武，事征四夷，广威德，而张骞始开西域之迹。"[1] 建元二年（前139），汉武帝派张骞出使西域的历史事迹是大家都知道的。出使的目的，是联合大月氏夹击匈奴，以解除来自西北方面对汉朝的威胁。《汉书·西域传》记载：大月氏"本居敦煌、祁连间"，是秦汉时期一个比较强大的部落联盟，并和匈奴为世仇。大约在西汉孝文帝后元四年（前160）以后，大月氏受到匈奴的迫逐，西迁到伊犁河流域，然后又由伊犁河流域越葱岭，经瓦岗峪地，到达阿姆河以北的广大地区。当时张骞奉命出使，就是要说服大月氏在消灭匈奴之后回归故地。但张骞没有走出甘肃河西走廊就为匈奴逻骑所虏，在匈奴被囚居了十几年之后才伺机逃脱，并经过千辛万苦到达大宛（今费尔干纳盆地）。大宛王热情款待张骞，导译送他到康居，然后到达大月氏。大月氏虽然是被匈奴迫逐到这里的，但此时已在这里定居下来了，所以并没有接受汉武帝的邀请；张骞即取道昆仑山北麓东返，于公元前126年回到长安。张骞这次出使西域的直接目的虽然没有达到，但他却获得了有关中亚、西亚以及欧洲等地的丰富知识，除他亲自到过的大宛、康居、大月氏以外，还间接了解到奄蔡、安息（波斯）、条支等国的情况，并知道安息以北还有个强大的罗马帝国（当时称为犁轩）。他向汉武帝提出了对西域诸国"以义属之"的主张，得到了汉武帝的赞同。公元前119年，张骞奉汉武帝之命第二次出使西域，率随从三百人，携带着大量的币帛，到达伊犁河流域

---

[1] 《汉书·西域传》。

的乌孙，并从这里分遣副使到大宛、康居、大月氏、大夏、安息、印度等国，这些国家随后都派遣使者到了汉朝。

原来，中国、印度、波斯和希腊等这些世界上发展最早的文明国家，从遥远的古代起，一直被阻塞在山岳海洋的一隅。它们都遵循着自己独特的民族文化传统，各不相谋地演变与发展着。其间，虽有公元前334年希腊马其顿国王亚历山大的武力征服，但并没有真正打破各地的隔绝状态。穷兵黩武的希腊侵略者，虽然长驱直入地闯进中亚，灭波斯，取大夏，掠夺了葱岭以西的许多国家，并占领了西北印度，却在当地遭到人民的坚决反抗，并给各地留下了彼此混战，最后分裂为几个相互割据、彼此独立的王国。在印度和波斯，希腊占领者的残余统治被推翻，兴起了印度摩揭陀国的孔雀王朝和波斯的安息王朝。而这一次张骞的"凿空"可就不同了！他作为汉朝和平友好的使者，率领数百名副使靠驼马穿越浩瀚的戈壁沙漠，翻过峭岩峻崖的帕米尔高原，分别到了中亚各国。他们抱着和正在衰落下去的、从爱琴海侵略过来的亚历山大的后裔极不相同的感情，像追求真理一般，极为兴奋地发现一切和自己的国家大不相同的印度、波斯、大月氏、大夏等国的政治、经济、宗教和文化生活方式。《汉书·张骞传》说张骞"为人强力、宽大信人"，为中亚各国所信赖。他的活动，使得中国、印度、波斯、希腊这些原先被山海沙漠阻隔着的具有高度文明古国的各民族，有可能第一次体会到几千年来由人类的劳动和智慧创造出来的世界的伟大和美好。就是在这种力量推动下，一个崭新的时代开始了。

这个新时代的主要标志，就是"丝绸之路"的畅通。张骞通西域之前，中国各族人民虽和中亚、西亚以至欧洲各国的人民有了间接甚或直接的往来，中国的丝绸行销于欧、亚各地，但政府间的政治交往和经济文化交流尚未能够建立，中西交通的道路亦还没有开通。自张骞通西域之后，不仅今天的新疆地区，而且连居住在伊犁河及楚河流域的乌孙和费尔干纳盆地的大宛，也都成了我国统一的多民族国家的重要组成部分，汉朝并设立西域都护府进行直接的管辖。东西方交流的道路开通了！自兹之后，西汉王朝通过丝绸之路不断派遣使者分赴西域各国进行政治和贸易活动，往来使者相望于途，"一辈大者数百，少者百余人"，"一岁中使多者十余，少者五六辈，远者八九岁，近者数岁而返"[①]。同时，各国的使者和商人也纷纷前来，所谓"驰命走驿，不绝于时月；商胡贩客，日款于塞下"[②]，即反映了这种盛况。东汉和帝永元九年（97），西域都护班超派遣甘英出使大秦（指罗马帝国），甘英历经安息、条支，直达于西海（今波斯湾），使"丝绸之路"更加扩大和繁荣。

两汉时代，"丝绸之路"在新疆主要分南北两道。《汉书·西域传》载：

自玉门、阳关出西域有两道。从鄯善傍南山北，波河西

---

① 《史记·大宛列传》。
② 《后汉书·西域传》。

行至莎车，为南道；南道西逾葱岭则出大月氏、安息。自车师前王廷随北山，波河西行至疏勒，为北道；北道西逾葱岭则出大宛、康居、奄蔡焉。

两汉之后，"丝绸之路"在新疆分为三道。《隋书·裴矩传》称：

> 发自敦煌，至于西海，凡为三道，各有襟带。北道从伊吾，经蒲类海铁勒部、突厥可汗庭，度北流河水，至拂菻国，达于西海。其中道从高昌、焉耆、龟兹、疏勒，度葱岭，又经钹汗、苏对沙那国、康国、曹国、何国、大小安国、穆国至波斯，达于西海。其南道从鄯善、于阗、朱俱波、喝槃陀，度葱岭，又经护密、吐火罗、挹怛、忛延、漕国，至北婆罗门，达于西海。其三道诸国，亦各自有路，南北交通。

从上述记载可以看出，两汉时的北道在晋、隋期间成为中道，另于天山以北增辟一道，称为北道。南道和中道在葱岭以东的线路大致和两汉时代相同，惟葱岭以西则伸展得更远了。

"丝绸之路"发展到唐代，达到极盛。交通线路除上述的三道外，另辟了两条路线：一条是沿天山北麓从庭州到碎叶的路线；另一条是从龟兹翻越拔达岭（今别迭里山口），经过伊塞克湖、碎叶，直到当时中国最西部的边防重镇怛罗斯（今江布尔）。众所周知，唐初著名的高僧玄奘法师西行求法就是沿着这后一条道路进行的。

汉唐时期"丝绸之路"的开辟，使被山海沙漠间隔着的东西世界的大门打开了！政治上的友好往来以及经济文化交流的浪潮像决堤的洪流一般，从黄河经印度河、波斯湾，一直到爱琴海。目前的考古发掘完全可以证实，当时不仅一队队驮着精美华丽的丝绸的骆驼风尘仆仆地往来于中西交通的大道上，而且还带来了当时弥漫盛行在中亚一带的佛教。

佛教于公元前 6 至前 5 世纪产生于北印度的迦毗罗卫（今尼泊尔境内），但在相当长的时间内只传播于恒河流域一带。约当公元前 273 年，著名的拥护佛法的阿育王（Aśoka）登上印度摩揭陀国孔雀王朝的王位后，佛教才在印度全境传播开来。相传，阿育王原为婆罗门教徒，在他率兵征服羯馁伽（Kaliṅga）、统一印度全境的过程中，因战事至为剧烈，他目睹到战争杀戮中惨痛的场面，顿起"忏悔"的心情，因而"放下屠刀，衷心礼佛"。由此可见，他之所以大肆宣扬并支持这个以"慈悲"为怀的宗教的传播，是因为他想把地上的王权和天上的神权结合起来以巩固他的统治。孔雀王朝从表面看来虽然强大威武，但是内部却隐藏着极复杂、极矛盾的社会基础瓦解过程。释迦牟尼的创导，从宗教上打破了长期使社会关系固定在种姓制度上的桎梏，提出一致的道德观念，用"轮回果报"的唯心想法，在寂灭与空幻中认为任何人都有求得解脱的可能，可以消弭人民的反抗和斗争，以利他成为王朝精神世界和物质世界的主宰。就是因为这样，阿育王可以虔心事佛，乐闻僧徒讲经说法，在全国建立寺塔和石碑，并派教师于四方，号召人民到处巡礼佛迹。阿育王的种种措施，在客观上促进了印度佛教文学和艺术的大发展，印度现在的古代佛教艺术遗产有许多是这个时代流传下来的。虽然如此，但在阿育王及其后继者，由于印度本土的教徒对于释迦牟尼本身的无限尊敬与热爱，还不敢以有限的形体来描写无边伟大的主宰。众所周知完成于公元前2世纪的桑奇大塔石坊上的浮雕佛传故事，在描写"成道""说法""涅槃"等主题时，涉及释迦牟尼的部分，都分别以"菩提树""法轮""舍利塔"等有代表性的纪念物来作为象征的。但阿育王的活动只在印度西北部犍陀罗和罽宾一带有深远的影响，东传的道路仍被巨大的山脉（帕米尔高原）阻隔着。阿育王死后，国势渐衰，继阿育王的孔雀王朝，管辖的范围愈来愈小了，最后终于崩溃，由巽伽王朝起而代之。巽伽王朝只有很少的一点领土。同时南方有许多大国如羯馍伽、安达罗正在兴起，北方来的印度希腊人也建立了大夏国。

大夏，又叫巴克特里亚（Bactria），是中亚古国，其范围就是兴都库什山以北和妫水（今阿姆河）以南（今阿富汗北部），是通达印度的走廊。公元前3世纪，它脱离了亚历山大的部将塞琉古一世所建立的塞琉西王朝而独立，但统治者仍是希腊贵族的后裔。公元前2世纪初，它曾经侵入印度河流域，占领犍陀罗。强弩之末的希腊黩武主义者的残余，为了保持他们的地位和统治势力，曾经采用种种措施企图冲淡他们与被侵略者之间的矛盾，尽量使自己同化到印度地方的语言习俗和文学艺术中去。为此，他们甚至信仰佛教，崇拜释迦牟尼，并对佛教的内容和偶像的形式作了一些创造性的修正。首先，他们模仿希腊神话中太阳神阿波罗的仪容，作为释迦牟尼生前的造像。后来他们又大胆地把释迦牟尼的造像演变为纪念和崇拜佛的偶像。这是印度希腊佛教徒在艺术上的新贡献，这种艺术后来就被称为犍陀罗式的佛教艺术。

但是，希腊佛教徒对于佛教的虔诚信仰和对于佛教艺术的新颖创造，并不能挽回残余的希腊势力在亚洲失败的命运。约当公元前130年左右，大夏遂为大月氏所灭。《史记·大宛列传》"大夏"条这样写着：

> 及大月氏西徙，攻败之，皆臣畜大夏。

《后汉书·西域传》也记载着：

> 大月氏国居蓝氏城，西接安息，四十九日行，东去长史所居六千五百三十七里，去洛阳万六千三百七十里。户十万，口四十万，胜兵十余万人。

> 初，月氏为匈奴所灭，遂迁于大夏，分其国为休密、双靡、贵霜、肹顿、都密，凡五部翎侯。后百余岁，贵霜翎侯丘就却攻灭四翎侯，自立为王，国号贵霜。侵安息，取高附地，又灭濮达、罽宾，悉有其国。丘就却年八十余死，子阎膏珍代为王。复灭天竺，置将一人监领之。月氏自此之后，最为富盛，诸国称之皆曰贵霜王。汉本其故号，言大月氏云。

总的说来，大月氏这个民族，在占领了富饶的大夏农业地区之后，逐渐地放弃了他们的游牧生活习惯，同化在当地居民之中。经过百余年的经营，建立了强大的贵霜王朝。在贵霜王朝最著名的国王迦腻色迦（约78—120）在位时，它的疆域西起咸海，东连葱岭，北有康居，南部包括整个印度河和恒河流域。王国的首都也从中亚迁到了西北印度犍陀罗地区的富楼沙（今巴基斯坦的白沙瓦），正好处于"丝绸之路"的交通大道上。这时的贵霜王朝西与安息、罗马，东与东汉均有贸易往来，在文化上兼收并蓄。从近时出土的贵霜王朝的钱币上印铸的浮雕造像和文字考证，可以知道它是接受了各种不同民族的文化的。丘就却之前的钱币上，我们曾看到印度希腊王爱尔苗和奥古斯都的肖像。丘就却时期的钱币，则出现了头戴高帽子、嘴上长着浓厚的胡子、穿着长大衣外套与笨重靴子的肖像。那是大月氏通行的骑士装饰，骑士可能就是丘就却自己，但钱币上（的）文字又是希腊的。就是这种钱币的背面，又另外刻了一个印度教湿婆神的浮雕。此外，在新疆库车县出土的阎膏珍（Vima Kadphises Ⅱ）时代的钱币，虽然图样已比较漫漶，但还可以约略认出正面是着月氏装的王的侧面形象和左角希腊文的说明。背面似乎是骑士像。这是大月氏民族在广泛吸收各民族文化的基础上所创造的一种新文化——贵霜文化，它具有中亚民族的特点，绝非希腊文化简单的重复和再现。

  贵霜王朝的迦腻色迦王笃信佛教，在他的倡导下佛教在中亚又有了新的发展。但这时的佛教日益增多地接受了婆罗门教的影响，并在公元前后形成了一个新的教派——大乘佛教。据说，迦腻色迦为恢宏佛教，曾于公元2世纪初于克什米尔召开佛教经典集结大会，重新审订了佛教经典和教规，佛教更进一步地在印度和中亚发展起来。

佛教就是这样通过贵霜王朝而传入新疆的，这从最初前来中国翻译佛经的多半是大月氏僧人和在"丝绸之路"上发现的大量焉耆文可以佐证。传入的时间，史籍上并没有明确的记载，因而众说纷纭，莫衷一是。较早的看法是根据《阿育王息坏目因缘经》一段记载，认为：公元前3世纪即已传到了新疆。这段记载说：

> 阿育王闻之喜庆欢洽，和颜悦色，告耶奢曰："吾获大利，其德实显。法益王子，以理治化。率以礼禁，导以恩和，人民之类，莫不载奉。今当分此阎浮利地，吾取一分，一分赐子。使我法益长生寿考，治化人民，如今无异。新头河表，至婆伽国，乾陀越城，乌特村聚，剑浮安息、康居、乌孙、龟兹、于阗，至于秦土。此阎浮半，赐予法益。纲理人民，垂益后世。"

文中提到的乌孙在公元前3世纪还只是敦煌祁连间的一个部落，后来，它在匈奴和月氏这两个强大的部落之间经常处于被动的境地。直到公元前2世纪中，它在匈奴的扶植下，为追赶大月氏才迁徙到伊犁河流域并建立了奴隶制的政权。因此，在阿育王时代，他根本不可能将乌孙作为法益的封邑。更何况当时史籍上并没有任何记载阿育王势力曾经越过帕米尔高原，而到达今新疆境内的事实。

中外学者还有一种看法，认为佛教传入新疆应在公元前2世纪末至公元前 1 世纪上半叶这段时间里。理由是：（一）元狩二年（前 121），汉武帝派霍去病率兵出陇西，过焉支山（今甘肃省山丹河之东）千余里，大破匈奴，缴获匈奴休屠王的祭天金人。认为这祭天金人即为佛像。佛像此时已在匈奴中传播，那么西域有佛教也就是自然的事了。（二）据现存藏文本《于阗国授记》载："于阗王 Sa-nu 十九岁时建立李国，他即位为李国第一代王，时佛涅槃已二百三十四年（建国后一百六十五年）……当国王尉迟胜（Vijaya Sambhava）即位五年时，佛法在李国兴起。"[1] 按佛涅槃约在公元前 483 年左右，那于阗李国建国应在公元前 249 年左右，再去掉建国后的 165 年和即位后的 5 年，佛教传入和田似应为公元前 79 年左右。这个年代和玄奘在《大唐西域记》"瞿萨旦那国"条所载迦湿弥罗国之高僧毗卢折那（Vairochana，遍照）来于阗国从事布教活动的传说大致相合。（三）《梁书》卷四十《刘之遴传》："之遴好古爱奇……献古器四种于东宫……其第三种，外国澡灌一口，铭云'元封二年龟兹国献'。"有人[2] 考证说，澡灌，梵文为 Kundika，汉译为"军持"或"君持"（见《玄应音义》卷十四），则为佛僧用具。元封二年为公元前 109 年，其时龟兹国即献澡灌，可见这里已有佛教传播了。

上述观点，虽有一定的道理，但都缺乏佐证。

---

[1] 转引自 R.E. 艾美利光《关于和田的藏文文献》（英文版），1967 年，第 23 页；又见日本寺本婉雅《于阗国史》（日文版），大正十年，第 22 页。

[2] 德人刘茂才，见其所著《公元前 2 世纪至公元 6 世纪库车与内地的关系》，威士巴登，1969 年，第 20 页以下。

我们的基本看法是：佛教在新疆的传播可能略早于内地，但也是在公元 1 世纪，传播开来已经是 2 世纪中叶以后了。

关于佛教传入新疆和中原的路线，虽有从海从陆的两种说法，但比较中肯的说法还是从陆上传入的。从陆上传入的路线，就是上面已经提到的张骞通西域的路，也就是驰名中外的中西交通的"丝绸之路"。

从新疆的地理环境方面看，环绕着塔克拉玛干大沙漠周围的"丝绸之路"南北两道的交通环境是极其险恶的。数百里水草俱无的戈壁沙漠、难于攀登的巍峨高山、干燥而骤烈的气候变化，都为旅途往来增加艰难。特别是流沙的移动，往往会把仅有的河流和田舍掩埋起来，使昔日繁华的大道变成人烟荒芜的沙漠旷野。20 世纪初发掘出来的尼雅遗址，就是因流沙掩埋了水流而被放弃了的汉代古城。4 世纪时著名的西行求法高僧法显自长安出发时有五个人，加上后来在张掖增加的五个，一共有十个人。他们出敦煌后第一个难关就是步行到达鄯善之间的 17 天沙漠中的旅程。他在《佛国记》上说：

> 沙河中多有恶鬼热风，遇则皆死，无一全者。上无飞鸟，下无走兽。遍望极目，欲求度处，则莫知所拟，唯以死人枯骨为标帜耳。

这些"死人枯骨"，都是沙漠中的旅客，受不了干旱冷热的煎熬而不幸中途捐弃了性命的人。法显在同一书上还记载着他们过帕米尔高原的一节：

> ……南度小雪山，雪山冬夏积雪。由山北阴中过，大寒暴起，人皆噤战。慧景一人，不堪复进，口出白沫，语法显云："我不复活，便可前去，勿得俱死。"于是遂终。法显抚之悲号……复自力前，得过岭南。

同一个小雪山，在《昙无竭传》中这样描写着：

> 雪山障气千重。层冰万里，下有大江，流急若箭。于东西两山之胁，系索为桥。十人一过，到彼岸已，举烟为帜。后人见烟，知前已渡，方得更进。若久不见烟，则知暴风吹索，人堕江中……复过一雪山，悬崖壁立，无安足处。石壁有故杙孔，处处相对。人各执四杙；先拔下杙，右手攀上杙；展转相攀，经三日方过。及到平地，料检同侣，失十二人。

所以，慧立在《大慈恩寺三藏法师传》上称赞玄奘说：

> 嗟乎！若不为众生求无上正法者，宁有禀父母遗体而游此哉？

从这些记载中可以了解东西交通旅行中极端艰苦危难的情况。这种旅行不啻是生与死的搏斗、成功与失败的考验。少数幸而渡过了难关的，像法显、玄奘等，也都是在九死中得到了一生，自然是值得庆幸。即使是不幸遇难中途殒命的遗尸白骨，也足够使孤寂的沙漠旅行者产生十分的同情。何况在这些死者中知道有往来东西的僧侣，那么这"为普度众生求法殉道"而来的遗骸，就更容易获得同路人或"善男信女"的尊敬。按照佛教的礼节，他们的遗骸应被烧成灰烬，变为"舍利"。如果这些遗骸是属于西方来的或者是东方去的高僧的遗体，那么他们所获得的礼遇将不是一时的哀悼与慕拜，十分可能有一些忠实的信徒——乌波婆迦①，就随时中止他们的旅行，像对佛"舍利"圣骨一般，虔诚地守卫在"舍利"的坟塔②旁边暂时不离开。于是他们就孜孜不倦地为后来经过这些艰险道路上的信徒、商贾和长途跋涉、背井离乡的远征将士们讲述已死高僧的品德戒行和他们出生入死、不屈不挠而牺牲的经过，并求得人们的同情和布施。当然，正处于这样艰险过渡中的旅客，就是没有宗教信仰的人，也是十分容易感动而愿意停留下来听听同路人不幸遭遇的故事的，同时也可以顺便打听打听到下一站去的旅途情况，例如到前站还有多少路，中途有没有水草等必须知道的一些问题，取得相互帮助和乐意的布施。也可能偶然碰到一个德行高超的过路的高僧，或者是一个兼长佛画

① 乌波婆迦，即有宗教信念而皈依于佛教团体的俗人。乌波婆迦担负着支援僧伽的一定的义务：有的人栽植圣树，建筑或勉强建筑支提；有的人规定出为和尚们举行乌布萨和其他仪式范围，恭恭敬敬地修建了庙宇。
② 坟塔，即宝塔，亦称"窣堵波"或"塔婆"，佛教建筑物。公元前2世纪，坟塔的崇拜已广泛流行，原为藏佛舍利之所，是所谓空的象征。后由于教徒们用七宝装饰其塔，逐渐成为某种神圣的东西而为人顶礼膜拜。

的能手，于是乌波娑迦们看机会还要邀请他们临坛说法，或是对比丘们传授一点佛和菩萨画像的粉本。诸如此类等等，于是就在此创立了一个小小的佛教宣传中心。这个中心，也许起初是像中亚一带所有的坟塔，或是简单的支提。但后来的发展，必须安排一个能够容纳更多人的环境和有关生活供应的条件，人们在附近的土地上耕种了一些农作物，修盖了一些简单的房屋与说法的讲堂，等等，逐渐具备了塔寺的规模。这样发展的趋势，就必须看自然环境的具体条件。围绕塔克拉玛干大沙漠周围的绿洲并不是很富足和丰盛的，它们要靠天山或昆仑山上流下来的雪水进行灌溉，至于去西域的交通也就势必沿着山坡行进。僧侣们经过一天的劳累奔波之后，有时就停下来建造庙堂，或在山上开凿石窟。从新疆现存石窟及明屋①分布的情况看来，沿塔里木盆地南北两路一般距乡村或城市都不超过一站路（约七十里）。

我以为新疆石窟就是在上述这样的一种情况下建立起来的。至于石窟的创始年代，根据现有石窟推测，约当在公元3世纪左右。那个时候，佛教正以佛像的造型从印度西北部贵霜境内的迦湿弥罗（也称罽宾，今克什米尔）通过喀喇昆仑山而到达和阗，或者由贵霜王国的首府富楼沙以至安息、康居境内翻越帕米尔高原而到达疏勒。前者是佛教传入新疆境内的最便捷的道路，和阗可视为印度佛教在中国的发源地。后者是"丝绸之路"的交通要道，疏勒是南北两道交通的枢纽。所以，新疆的佛教从开始时起就是像教，这减

---

① 明屋，即用土坯砌起来的庙堂，维吾尔族称为明屋。

少了佛经语言文字的隔阂。除了可以比较直观地宣传佛与菩萨之外，描写佛传和佛本生故事的绘画与雕刻，也随之应运而生，其势力是不小的。它们最初表现的场合，可能就是上述聚居了善男信女的明屋和石窟。唐玄奘在《大唐西域记》中描写僧伽蓝时说：

> 隔楼四起，重阁三层。榱栌栋梁，奇形雕镂。户牖垣墙，图画重彩。黎庶之居，内侈外俭。奥室中堂，高广有异。层台重阁，形制不拘。

《大唐西域记》卷十二"瞿萨旦那国"条载：

> 王城西行三百余里，至勃伽夷城，中有佛坐像，高七尺余，相好允备，威肃巍然，首戴宝冠，光明时照。闻诸土俗曰："本在迦湿弥罗国，请移至此。"

这可视为和阗产生佛教的开始。"瞿萨旦那国"条还记载着：

> 王城南十余里，有大伽蓝，此国先王为毗卢折那（唐言遍照）阿罗汉建也。昔者此国佛法未被，而阿罗汉自迦湿弥罗国至此林中，宴坐习定。时有见者，骇其容服，具以其状上白于王。王遂躬往，观其容止，曰："尔何人乎，独在幽林？"罗汉曰："我如来弟子，闲居习定。王宜树福，弘赞佛教，建伽蓝，召僧众。"王曰："如来者，有何德？有何神？而汝鸟栖，勤苦奉教。"曰："如来慈愍四生，诱导三

界，或显或隐，示生示灭。遵其法者，出离生死。迷其教者，羁缠爱网。"

王曰："诚如所说，事高言议，既云大圣，为我现形。若得瞻仰，当为建立，馨心归信，弘扬教法。"罗汉曰："王建伽蓝，功成感应。"王苟从其请，建僧伽蓝，远近咸集，法会称庆，而未有犍椎扣击召集。王谓罗汉曰："伽蓝已成，佛在何所？"罗汉曰："王当至诚，圣鉴不远。"王遂礼请，忽见空中佛像下降，授王犍椎。因即诚信，弘扬佛教。

这座大伽蓝，就是《魏书·西域传》中所记的赞摩寺：

城南五十里有赞摩寺，即昔罗汉比丘卢旃为其王造覆盆浮图之所。

《魏书》上说五十里，玄奘说是十余里，可能是《大唐西域记》上有脱文，似应为"五十余里"。也可能是魏时的于阗王城隋唐之际被废，唐初新建的王都向南推进约四十里之故。

东晋时的高僧法显，于公元 401 年到于阗，挂锡于瞿摩帝僧伽蓝，停留三个月，目睹了这里佛教发展的盛况。他说：

此国丰乐，人民殷盛，尽皆奉法，以法乐相娱，众僧乃数万人，多大乘学，皆有众食。

不仅如此，他对这里"以法乐相娱"的主要形式"行像"也作了详细的描写：

> 其国中有十四大僧伽蓝，不数小者。从四月一日，城旦便洒扫道路，庄严巷陌。其城门上，张大帷幕，事事严饰，王及夫人采女皆住其中。瞿摩帝僧是大乘学，王所敬重，最先行像。离城三四里，作四轮像车，高三丈余，状如行殿，七宝庄校，悬缯幡盖。像立其中，二菩萨侍，作诸天侍从，皆金银雕莹，悬于虚空。像去门百步，王脱天冠，易著新衣，徒跣持华香，翼从出城迎像，头面礼足，散华烧香。像入城时，门楼上夫人采女，遥散众华，纷纷而下。如是庄严供具，车车各异。一僧伽蓝则一日行像，四月一日为始，至十四日行像乃讫。王及夫人乃还宫耳。(《佛国记》)

这里只说"十四大僧伽蓝"，其他小伽蓝和尼姑寺一定很多，反映了于阗佛教全盛时代寺庙的兴起。但因塔里木盆地南缘是一片平原，没有山谷通行，所以在"丝绸之路"的南道上，如于阗的卡大利克，和田的丹丹乌里克、约特干，若羌的米兰古城等，只有土基砌成的寺庙明屋，而没有石窟的开凿。且万里戈壁，平沙莽莽，久而久之，一切古代佛教遗址全为流沙所埋没，沦为废墟矣。

疏勒是"丝绸之路"上南北两道通向西方的枢纽，贵霜时期，大月氏、康居、安息佛教的传入，多是通过帕米尔高原而入疏勒，因此疏勒也是与佛教接触最早的地区之一。东汉中期，疏勒王安国的舅舅臣磐有罪，迁居到大月氏，为迦腻色迦的质子。安国死后，臣磐返回疏勒，被立为王①，宣扬佛法。这在释道安的《西域记》中就有记载："疏勒国有佛浴床……王于宫中供养。"

公元 400 年（东晋隆安四年），法显西行到达竭叉（即疏勒）时，记载当时这里佛教流行的情况是：

> 其国王作般遮越师。般遮越师，汉言五年大会也。会时请四方沙门，皆来云集，集已，庄严众僧坐处，悬缯幡盖，作金银莲华，著缯座后，铺净坐具。王及群臣，如法供养，或一月、二月，或三月，多在春时。王作会已，复劝群臣设供供养，或一日、二日、三日、五日，供养都毕，王以所乘马，鞍勒自副，使国中贵重臣骑之，并诸白氎，种种珍宝，沙门所须之物，共诸群臣，发愿布施。布施已，还从僧赎……

> 其国中有佛唾壶，以石作，色似佛钵。又有佛一齿，国人为佛齿起塔。有千余僧，尽小乘学。

疏勒中心地区，亦是一片平原，农业发达，没有可供开凿石

---

① 《后汉书·西域传》："安帝元初中（114—119），疏勒王安国以舅臣磐有罪，徙于月氏，月氏王亲爱之。后安国死，无子，母持国政，与国人共立臣磐同产弟子遗腹为疏勒王。臣磐闻之，请月氏王曰：'安国无子，种人微弱，若立母氏，我乃遗腹叔父也，我当为王。'月氏乃遣兵送还疏勒。国人素敬爱臣磐，又畏惮月氏，即共夺遗腹印绶，迎臣磐立为王。"

窟的山头，所以可能像南道的和田那样，人们利用土基砌起明屋式的寺庙，随之产生壁画和造像。由于历史的变迁，这些佛教遗迹早已湮没无闻了。1953 年我们调查时，惟在喀什市东北阿图什地区的山崖上发现洞窟三个，可能为古疏勒国仅存的石窟遗址，可惜这里只留有几行伯希和和斯坦因的题记，已没有残存的壁画了。

在古代，今巴楚地区也属于疏勒国的范围。我们从 1905 年法国伯希和在巴楚脱库孜萨来古寺庙遗址 [①] 发掘和盗窃的遗物中可以看出当时疏勒佛教艺术是怎样的。这些遗物我们是从挖掘现场拍照而后发表的五张图片上看到的。从发掘深坑的右上角，可以认出一些单耳型陶罐，估计是属于北魏时代的。另外有大约是 4 世纪用高浮雕烧陶制造的菩萨像。有一张照片的左右两边，是卷草型的装饰图案造型；左侧第一身是一躯直立的天王，右侧三身是有简单头光的菩萨。这些菩萨的天花、发型、头饰和璎珞佩带上，可以反映出这是高度的艺术创造。这是当地居民在吸收中原地区和印度、波斯、希腊文化的基础上，创造出来的具有本地民族特色和风味的艺术珍品，是中华民族的宝贵财富！

新疆重要的石窟艺术遗址主要保留在"丝绸之路"北道上的龟兹、焉耆、高昌等三个古代佛教中心地。根据我们 1953 年参加当时西北文化部组织的新疆文物调查组在新疆的调查，其从东到

---

① 1959 年，新疆维吾尔自治区博物馆曾对此遗址进行发掘，并在那里获得汉晋时代的陶罐及唐代文书等。

西分布着十三处石窟群，分别属于古龟兹、焉耆、高昌三个古代佛教中心，简况如下表：

新疆石窟分布情况表

分区	石窟名称	位置	内容简况	时代估计	备注
古龟兹国	托乎拉克店千佛洞	属温宿县。在公路经过的托乎拉克店附近	有残破洞窟6个，已空无一物		全部残破
	克孜尔千佛洞	在今拜城县东北克孜尔南约6公里处（属拜城县三区一乡）	洞窟开凿在木扎提河北面的岩壁上，东西长达1500米，临山环水，风景宜人。现存洞窟编号共计235个，岩下层沙土中可能还埋藏有洞窟。此处虽几经英、法、德、日等国探险队浩劫，现存古代壁画除敦煌外仍以此处为最多。1953年我们调查时在洞窟沙土中清理出古龟兹文残经片、竹筒、烧陶、残佛头像等。壁画内容以佛本生故事、涅槃、说法图等为主，是反映东西文化交流中国佛教艺术成长和发展时期的重要艺术遗产	第3世纪至第11世纪	已有图录本出版
	台台尔千佛洞	在克孜尔乡西北约5公里处	现有洞窟8个，已大部损毁，内容空无一物。另有明屋遗址一处，拾得有古民族文字的陶器残片，农民称此处遗址为"吐尔塔木"，即汉字"塔院"之意	第3世纪至第11世纪	仅存一窟有壁画

分区	石窟名称	位置	内容简况	时代估计	备注
古龟兹国	库木吐拉千佛洞	库车县西南三道桥公社，距县城约24公里	洞窟在丁谷山龙口山沟北沿渭干河畔岩壁上。全部有99个洞窟，分东西南部分，计南部有洞窟27个，北部有洞窟72个，南北两部分石窟相距约4公里。渭干河南岸，远望似有洞窟。玄奘《大唐西域记》载：龟兹国有寺百余所。其中有二伽蓝，一名阿奢理贰，一名昭怙厘，"荒城北四十余里，接山阿，隔一河水，有二伽蓝，同名昭怙厘，而东西随称"，此处可能即昭怙厘大寺	第3世纪到第11世纪	龙口对面有佛教寺院遗址两处。现该处已建水电站和分水闸
	克孜尔尕哈千佛洞	在库车县城西北12公里路旁山沟内	尚存洞窟39个。窟内壁画作风与克孜尔类似	第3世纪到第11世纪	大部分为帝国主义分子盗去
	森木塞姆千佛洞	在库车县城东北35公里处	此处似为专供僧尼修行学道之所，精舍较多，现存洞窟30个	第3世纪到第11世纪	破坏极为严重
	玛扎伯赫千佛洞	在库车县城东北30公里处	此处由玛扎伯赫、克内什、阿希依拉克三个小石窟群组合而成。洞窟修在黄土山丘上，以精舍为多，似有僧尼修行中心，共有洞窟计32个	第3世纪到第11世纪	破坏严重
	托乎拉艾肯千佛洞	新和县西北约四五十公里处	共有洞窟19个，已全部毁损，内中无物		

续表

分区	石窟名称	位置	内容简况	时代估计	备注
古焉耆国	西克辛千佛洞（七格星）	在焉耆县城西南30公里处	共有洞窟12个，开凿在山丘上。壁画内容有极似敦煌唐代形式的藻井及绘有麒麟的穹顶装饰。有唐代文化西传迹象	第4世纪到第11世纪	附近有寺院遗址两处，俗称千间房子
古高昌国	雅尔崖千佛洞	在今吐鲁番县城西10公里处	共有洞窟10个，分西谷、南谷两处。西谷俗称西谷寺。内容有如敦煌隋唐时代的千佛说法图壁画及类似印度毗诃罗的精舍	第6世纪到第11世纪	西谷壁画有西谷寺题记
	吐峪沟千佛洞	在今鄯善县西	现存洞窟94个。全部位于吐峪沟口两旁的山崖上。90%已残毁。仅有8个洞窟残存部分壁画	时代与雅尔崖千佛洞同	
	伯孜克里克千佛洞	在吐鲁番东北40公里的木头沟内	洞窟建筑一部分是依崖岸凿成的石窟，一部分作明屋式。共有洞窟51个，德人格伦威德尔及勒柯克在1901年至1914年先后四次"光临"，盗窃壁画、古民族文字文书等共计436箱，重37吨。劫后残留壁画已不多。但颜色鲜艳，内容有同敦煌唐代壁画的西方净土变及立佛、药师等，题记中有回鹘文及汉字并列者	第6世纪到第14世纪	如今已破坏严重
	胜金口千佛洞	位于吐鲁番县东南约35公里处	残存洞窟10个，其中有两个洞窟保存有完好的壁画，有葡萄图案装饰的穹顶	第7世纪到第14世纪	

经我们初步调查所得，以上十三处石窟共计655个，是现存新疆石窟艺术遗产的主要部分。这些石窟都开凿在天山的支脉山岩上。岩石地质年代约当第四纪酒泉系的砾岩，是由风化了的泥沙卵石组成，不宜于雕凿。因此，作为佛教庙宇礼拜对象的神祇，只有用泥塑来代替。有少数用木头雕刻，或是用烧陶制成的。但经过长久的风、日光、雨水的侵蚀和解放前近五十年中帝国主义分子的摧残和盗窃，现已荡然无存。壁画方面虽然也遭受同样厄运，摧残得很多，但个别地区，如拜城的克孜尔千佛洞、库车的库木吐拉千佛洞等处，在不同程度上尚残留可观的遗迹，足供我们学习和研究。关于各处洞窟修建的时代方面，以古龟兹国区域的玛扎伯赫、克孜尔、库木吐拉、森木塞姆等七八处千佛洞为较早，古高昌国区域的雅尔崖、伯孜克里克等四处千佛洞为较晚。从这些洞窟结构形式、壁画内容、作风、供养人服饰和古民族文字题记等各个方面，可以显著地看出它们在中西文化交流时期善于吸收外来因素，丰富并加强了艺术创作上的成就。焉耆千佛洞现存的洞窟虽然不多，但从残留的壁画与正在演变时期的洞窟建筑形式，可以显著地看出7到9世纪时唐代文化对这个地区石窟艺术的影响。吐鲁番是古高昌国的所在地，初唐贞观十四年（640）国亡。唐于此地置西州。此后在唐代佛教艺术的发展中，把中原民族艺术作风带到这个地方。因此，千佛洞的壁画内容保持着较焉耆更浓厚的唐代艺术风格。同时发现佛教壁画供养人榜书采用古回鹘文、古龟兹文与汉文同时并列的题记，这证明了当时高昌一带各民族和睦相处的简况。

克孜尔石窟第 126 窟　　主室正壁（新疆维吾尔自治区克孜尔石窟研究所供图）

这里,我想解释一下石窟寺与一般"寺院"的关系。在中国,所谓"寺"是汉以前帝王将相的官邸,自东汉明帝时将白马从天竺驮来的佛经珍藏于洛阳雍门西的白马寺以后,"寺"或"寺院"就成为佛教徒传教念经的地方了。但在印度,由于气候炎热,每年自5月开始至10月又是雨季,几乎每天都要下雨,佛教徒出外化缘、传经讲道都有困难,因而他们选择的圣地都是依山傍水,在丛山中开凿大型石窟。公元前后开凿的阿旃陀就是印度最有名的石窟。其中有修行坐禅、讲经说法和朝拜圣骨的地方,按照印度习惯的称呼,前者称 Vihāra(直译毗诃罗,意即僧舍,或称精舍),后者叫 Chaitya(直译支提,意即庙堂)。毗诃罗,梵语为 Samghārāma,直译为僧伽蓝摩,意即"大众之园",缩译即称为"伽蓝"。印度古代著名的伽蓝就有竹林精舍、只洹精舍等。实在说,伽蓝的本意是不包括"支提"的。但是古往今来,我们是把所有的石窟寺都当成"伽蓝",一概目之为寺院了。如玄奘在《大唐西域记》中,既把主要是精舍的阿旃陀石窟称为伽蓝,他说:

> 国东境有大山,叠岭连嶂,重峦绝巘,爰有伽蓝,基于幽谷。高堂邃宇,疏崖枕峰,重阁层台,背岩面壑,阿折罗阿罗汉所建。

又把顶礼朝拜用的今阿富汗巴米扬的大立佛石窟,也称为伽蓝,同书"梵衍那国·大立佛及卧佛像"条说:

> 王城东北山阿有立佛石像，高百四五十尺，金光晃耀，宝饰焕烂。东有伽蓝，此国先王之所建也。伽蓝东有鍮石释迦佛立像，高百余尺，分身别铸，总合成立。

可见，我国古代是把石窟寺和一般寺院视为同一个东西了。所谓"伽蓝数十所""伽蓝百有余所"者，大体上都包括石窟寺在内。明于此，那么对于新疆石窟艺术也就容易理解了。

通过上面的叙述我们可以清楚地看出：随着两千年前"丝绸之路"的开辟和随之而来的佛教的传播，从汉至唐乃至宋元时期的一千多年中，新疆境内留下了大量的佛教遗迹。大体说来，南道上的于阗、尼雅、米兰等地以明屋式的寺庙为主，北道（隋唐以后称中道）上的龟兹、焉耆、高昌等地以石窟为主。但上述南北两路的丰富的佛教艺术宝藏，解放前的半个世纪中，不断地遭受到帝国主义分子的掠夺和盗窃。已知的南路如著名的米兰和丹丹乌里克明屋内壁画由于墙皮易于剥离，现在已全部被斯坦因和伯希和等盗毁无存；北路如拜城克孜尔、库车库木吐拉、森木塞姆、克孜尔尕哈，吐鲁番的伯孜克里克和鄯善的吐峪沟等重要的石窟寺的壁画，也都被格伦威德尔、勒柯克等盗窃剥离得千疮百孔，不存在一个完好的洞窟了。真是自古未有的浩劫！这些被盗走的丰富的宗教文物资料，大部分是被劫盗者片面地作为"中国文化西来说""中国佛教艺术是受犍陀罗希腊文化影响"的例证载入他们的著作中的。如从米兰古庙中发现有翼天使的画像，斯坦因就说成这是从希腊有名的"爱罗神"像抄袭而来的"犍达婆"①。这完全是别有用心的主观臆断。目前日益增多的考古发现完全可以证明这个臆断是错误的，现在是更正的时候了。

上面说过，印度佛教艺术，基本上产生于孔雀王朝的阿育王时代，反映在公元前2世纪桑奇大塔石坊上的浮雕佛传故事，大体是释迦牟尼的出生、成长、出家、修行、成道、涅槃等主题，基于对佛本身的无限热爱和尊敬，人们还不敢用人的有限的形体来表现他的佛法无限高大的形象，只是用"菩提树""法轮""舍利塔"来作象征。阿旃陀早期的石窟壁画和王舍城（Rājagriha）等地的雕刻题材差不多也是如此。在穷兵黩武的希腊主义者建立大夏国并侵占西北印度犍陀罗等地之后，为了维护他们的统治和消弭人民的反抗，他们才模仿希腊太阳神阿波罗的仪容创造了释迦牟尼的仪容。从此之后，再不用菩提树代替涅槃而是用横卧着的穿了宽大的袈裟、右手枕在头下的佛像来表现佛的入灭，这种艺术上的新贡献，就是犍陀罗希腊艺术的特点。但这种艺术在创始时只限于雕刻的造像，佛像作为壁画是非常少见的。即使是以雕刻佛像为主的阿旃陀后期的石窟，壁画的主题内容也大都是描写释迦成佛前的本生故事，服装和生活环境还是印度当时民族的民间的风尚，而且创作的时代也比较早，艺术表现手法并未受到

---

① "我们至今还不知道希腊化的近东任何处有很古的天使画像……但是这些天使之成为真正中国境内佛寺里的装饰画像，却不难于理解。犍陀罗派希腊佛教雕刻所有从有翼的爱罗神抄袭来的画像，实在用以代表佛教神话中借自印度传说，普遍称之为犍达婆的一班飞天。一个人如去拜谒磨朗寺院，看见了他以前在远处地方如叙利亚、美索不达米亚以及波斯西部看见而未忘却的那些有翼的奇异画像，若能仔细询问寺院的守者，守者一定能立刻告诉你那些是犍达婆像。"（向达译：《斯坦因西域考古记》，第86页。）

犍陀罗希腊佛教艺术的影响，因此看不出希腊佛教壁画的特点。贵霜文化是"丝绸之路"开通之后，在中国、印度、希腊和安息文化交光互影之下产生的一种新的文化类型，并不是什么希腊文化的分支，而是大月氏人的杰出创造，充分反映出大月氏人的生活习惯和艺术风格。除雕刻佛像外，在佛教壁画中也看不出犍陀罗希腊文化的影响。印度佛教艺术的另一学派产生于笈多王朝时期（约320—约550），它有两种式样，即摩菟罗地方的和摩揭陀地方的，可以分别称之为摩菟罗式和摩揭陀式。前者以壁画为主，后者以塑像擅长。且这时印度本身的佛教正在衰亡下去，适应封建制发生的需要，一个融合婆罗门教、佛教教义的宗教——印度教正在兴起，宗教艺术全是印度风格的，壁画艺术更与犍陀罗佛教艺术不相干。

知道了这些，我们就比较容易理解斯坦因所说的从米兰古庙中发现的有翼画像是不是"从希腊有名的'爱罗神'像抄袭而来的'犍达婆'"的问题了。有翼神像，不仅在巴基斯坦塔克西拉（Taxila）曾经发现过，而且在克孜尔、库木吐拉、森木塞姆等新疆早期石窟窟顶壁画中也出现过，且在敦煌莫高窟壁画上的"西方净土变"中也有与此有翼神像相同的有翼舞人。这种有翼神像和有翼舞人，与佛经中所提到的印度"迦陵频伽"有关。根据南朝刘宋时期的法云解释：

> 迦陵频伽：此云妙声鸟。《大论》云："如迦陵频伽鸟在壳中未出，发声微妙胜于余鸟。"《正法念经》云："山名

旷野，其中多有迦陵频伽，出妙音声，如是美音，若天若人，紧那罗等无能及者，惟除如来音声音。"（法云：《翻译名义集》"畜生"条）

因此，这种有翼神像，很可能是被佛化了的印度古典文化，而不是希腊的爱罗神像。此外，从中国方面说，佛教的传入，正是汉代老子的哲学思想演变为道教信仰的初期，佛老思想的传播是并行不悖的，甚至可以互相吸收。如果要追溯这有翼神像的来源，与其说是源于希腊，倒不如说是渊源于反映老子道家思想的汉代画像石中的"羽人"。在佛教艺术中，犍达婆作为一种诸天伎乐，也只是"飞天"的一种，并不是"飞天"都叫作"犍达婆"，真正的"犍达婆"，也并不是有翅膀的。

米兰古庙有翼神像面部圆睛大眼的描绘手法，很容易使人想起新疆历史博物馆 1959 年在民丰县北大沙漠中发掘出来的东汉双尸合葬墓中那幅有头光的兰花蜡染棉布菩萨像，其眉、眼、嘴的刻画和这个有翼神像有极其类似的地方。这幅兰花蜡染佛像，可以说是至今中国发现的最早的一幅佛画。菩萨上身裸露，右手执一角形器①，盛满葡萄，左手托着下垂的葡萄，双目斜视，两眼珠像米兰古庙壁画中的天使一样向右斜视，具有挑逗的神色；头和身后有头光和背光，项戴璎珞。这虽然不像后来魏晋南北朝时期那样富有民族风格，但仍能反映出汉代壁画含有线描那样遒劲

---

① 这角形器是希腊供奉神祇的花果专用器皿。

简括的艺术特色。所以新疆的佛教艺术，包括石窟寺的壁画和造像，它所表现出来的言语、服装和风俗习惯，都具有新疆地方的民族色彩，最雄辩地证明了新疆各民族丰富灿烂、百花齐放的创造成果。如果一定要我们说出新疆石窟艺术的特点时，我们说，富有新疆的民族特色，这是我们中国的佛教艺术，是佛教艺术在古代"丝绸之路"上中西文化交流中产生的一颗明珠。

遗憾的是古代"丝绸之路"南北两道上的石窟艺术遗迹和寺庙遗址，千百年来由于自然风沙的侵蚀和人为损坏，特别是经过解放前帝国主义分子的剥离盗窃和在"十年浩劫"中的严重破坏，已经面目全非了。从 1953 年至 1978 年，在经过四分之一世纪之后，笔者再去调查时，对此情景备感痛心！如今，十一届三中全会以后，在党中央领导下，全国人民正积极努力实现社会主义四个现代化的建设进程中，为保存和发扬中华民族的文化艺术宝库，我不惮以年纪的老迈和学识上的浅陋，愿将二十多年前的拙稿《新疆石窟艺术》再作一番修改补充，以贡献于广大读者，并求教于有志研究新疆石窟艺术的专家、学者。

克孜尔石窟第 27 窟　主室内景（新疆维吾尔自治区克孜尔石窟研究所供图）

克孜尔石窟第 178 窟　说法图（柴剑虹供图）

第一章 古龟兹国石窟

古龟兹国位于天山以南"丝绸之路"北道的中心地区，我国史籍中所记载的丘慈、归兹、丘兹、屈支、屈茨、拘夷等，都是龟兹（kǔ ca）一词的音译。《汉书·西域传》称：

> 龟兹国，王治延城，去长安七千四百八十里。户六千九百七十，口八万一千三百一十七，胜兵二万一千七十六人……南与精绝、东南与且末、西南与扜弥、北与乌孙、西与姑墨接。能铸冶，有铅。东至都护治所乌垒城三百五十里。

从今天的地域来看，大致包括今库车、沙雅、新和、拜城、轮台五县。西汉宣帝神爵二年（前60）西域都护府建立后，龟兹国隶属于其管辖。东汉和帝时，班超废掉不忠于汉朝的龟兹王尤利多，另立白霸为王，并将西域都护府迁于龟兹都城延城。从此直到回鹘西迁占领此地近千年间，龟兹大概一直为白氏这一显赫的家族所统治。自三国至北魏之世，龟兹又兼并了姑墨（今阿克苏）、温宿、尉头（今乌什）等地。唐朝设安西大都护府于龟兹，并设龟兹、于阗、疏勒、碎叶四镇。从汉至唐，龟兹一直是西域政治、经济、军事和文化的中心。

古龟兹国也是新疆佛教传播和佛教艺术，特别是佛教石窟艺术生长、发展、形成的中心。《晋书·四夷传》说其都城："龟兹国有城郭，其城三重，中有佛塔庙千所。"梁僧祐《出三藏记集》所收《比丘尼戒本所出本末记》载："拘夷国，寺甚多，修饰至丽，王宫雕镂立佛形像与寺无异。"公元 630 年，玄奘求法西行途经龟兹时，记载这里的情况说：

> 屈支国，东西千余里，南北六百余里。国大都城周十七八里。宜穈麦，有粳稻，出蒲萄、石榴，多梨、奈、桃、杏。土产黄金、铜、铁、铅、锡。气序和，风俗质。文字取则印度，粗有改变。管弦伎乐，特善诸国。服饰锦褐，断发巾帽。货用金钱、银钱、小铜钱。王，屈支种也，智谋寡昧，迫于强臣。其俗生子以木押头，欲其匾遞也。伽蓝百余所，僧徒五千余人，习学小乘教说一切有部。经教律仪，取则印

度，其习读者，即本文矣。尚拘渐教，食杂三净。洁清耽玩，人以功竞。[①]

这是汉唐期间有关龟兹国基本情况最完备的记载，它不仅反映了古龟兹国佛教演变情况及唐代龟兹宗教信仰的现状，而且指出了龟兹社会情况和存在的风俗习惯，为研究古代龟兹地区的政治、经济和文化情况，提供了重要资料。如龟兹"其俗生子以木押头，欲其匾匦"的习俗，我们从发现的头骨中，就得到了证实。虽然古龟兹国佛教盛行和佛寺伽蓝结构宏大、装饰华丽的景象今天已经看不到了，但是我们从遗留下来的石窟艺术中可以略见一斑。

第一节　古龟兹国石窟的分布情况、创造年代及其艺术特点

绪论中所述古龟兹境内的 8 处石窟，托乎拉克店石窟在今温宿县境，克孜尔石窟和台台尔石窟在今拜城县境内，库木吐拉石窟、克孜尔尕哈石窟、森木塞姆石窟和玛扎伯赫石窟都在今库车县境，托乎拉艾肯石窟在今新和县境。现存石窟共计 460 多个，占新疆全部石窟的五分之三左右。除托乎拉克店有 6 个石窟外，其余石窟皆开凿于南支天山的余脉却勒塔格山（雀离山）上，这里是古龟兹国统治的中心。发源于天山主峰冰川的木扎提河，迤逦东南流入拜城盆地，至库车县境后，复折转南流穿越库车、新和、沙

---

① 《大唐西域记》"屈支国"条。

雅三县平原，最后消失在浩瀚的戈壁中，在古代，这条河很可能是注入塔里木河的。在库、新、沙平原上，考古工作者发现了许多汉唐时期的城市遗址、渠道和冶铁炼铜遗址，出土大批陶器、陶范、铁器、钱币、丝织品、佛像、古龟兹文和古印章，证明了它昔日的繁荣，在佛教传入新疆之后，大量石窟的开凿也就不足为奇了。

关于古龟兹国石窟的创造年代，至今我们还没有确切的材料加以证明，但可从上引《出三藏记集》卷十一所收《比丘尼戒本所出本末记》所说"拘夷国，寺甚多，修饰至丽，王宫雕镂立佛形像与寺无异"推算出来。紧接这段话之后，作者又说道：

> 有寺名达慕蓝（百七十僧），北山寺名致隶蓝（六十僧），剑慕王新蓝（五十僧）。温宿王蓝（七十僧）。

> 右四寺佛图舌弥所统，寺僧皆三月一易屋床座，或易蓝者。未满五腊，一宿不得无依止。王新僧伽蓝（九十僧，有年少沙门字鸠摩罗，乃才大高，明大乘学，与舌弥是师徒，而舌弥阿含学者也），阿丽蓝（百八十比丘尼），输若干蓝（五十比丘尼），阿丽跋蓝（三十尼道）。右三寺比丘尼统依舌弥受法戒，比丘尼外国法不得独立也。此三寺尼，多是葱岭以东王侯妇女，为道远集斯寺，用法自整，大有检制，亦三月一易房。或易寺，出行，非大尼三人不行。多持五百戒，亦无师一宿者辄弹之。今所出比丘尼大戒本，此寺常所

用者也。

《出三藏记集》是 6 世纪初期梁朝僧祐（445—518）所著。上述记载可为注意者，首为"剑慕王新蓝"和"王新僧伽蓝"。同样名字的，还有于阗的"王新寺"。《佛国记》"于阗国"条说：

> 其城七八里，有僧伽蓝，名王新寺，作来八十年，经三王方成。高可五十丈，雕文刻镂，金银覆上，众宝合成，塔后作佛堂，庄严妙好，梁柱户扇窗牖皆以金簿。别作僧房，亦严丽整饰，非言可尽。

法显停留于阗时为公元 401 年，相隔八十年，则于阗王新寺当建造于公元 322 年。如果考虑到其时所建伽蓝多以"王新"命名的话，那么"剑慕王新蓝"和"王新僧伽蓝"也可能建造于 4 世纪初或 3 世纪末。

其次，是"温宿王蓝"，应为温宿王所建。温宿国于 3 世纪的时候即为龟兹所并。因此，《出三藏记集》所记寺院的年代，当在 3 世纪左右。可惜在今温宿县境托乎拉克店附近保留的六个石窟都已残破得空无一物，无法考证其创建的年代了。但这是扼"丝绸之路"接触天山山丘的开始，山丘不大，岩壁质地松脆，不宜于开凿石窟，可能开凿以后不久就被放弃了，而改建在克孜尔和库木吐拉等处。

再次，是"王新僧伽蓝"的注："有年少沙门字鸠摩罗，乃才大高，明大乘学，与舌弥是师徒。"鸠摩罗，可能下脱一"什"字，必为鸠摩罗什无疑。鸠摩罗什生于公元 344 年，7 岁出家，9 岁随母赴罽宾学小乘学，20 岁回到龟兹，住在王新僧伽蓝潜研大乘。公元 385 年赴内地，401 年到长安，成为中国佛教著名的翻译大家。鸠摩罗什年少时，龟兹就已有这么多大伽蓝，足可证明此地佛教的兴隆，于 3 世纪左右已达到了高潮。

梁《高僧传·鸠摩罗什传》还记载此时龟兹还有另外一座大伽蓝，这就是雀梨大寺。传称：

> 什在胎时，其母自觉神悟超解，有倍常日。闻雀梨大寺名德既多，又有得道之僧，即与王族贵女德行诸尼，弥日设供，请斋听法。

这座雀梨大寺，又叫雀离大清寺。《水经注》卷二引释道安《西域记》载："龟兹国北四十里，山上有寺，名雀离大清净。"这么多的寺庙伽蓝，可能就包括着上述我们所介绍的石窟寺。如在库车库木吐拉石窟编号为第 45 窟西行进沟的崖壁上，现在还留有古代佛教信徒雕刻着的汉文，其中有"法住""义林""大宝寺""善悟""智月""三藏"等文字。这些雕刻的文字在离地面高约一二丈的地方，疑是当时的栈道或走廊未曾坍塌的时候所刻画的，绝非近代人所为。因此，我推想到"大宝寺"，可能就是《出三藏记集》中所记的"达慕寺"或"达慕蓝"。假如这些推断正确的话，不但可以明确石窟就是伽蓝，而且还可以借此证明古龟兹国石窟创建的时期，正是符合上述温宿王在位的年代，即公元 3 世纪左右。

从舌弥和鸠摩罗什是师徒的关系来看，在龟兹佛教隆盛时期，流行的既有小乘教（Hīnayāna）又有大乘教（Mahāyāna）。小乘教徒积极于个人的"解脱"，盛行观像和坐禅，强调"实践"与"慈悲喜舍"，但不能人人成佛，只有释迦才能成"正觉"，众生在佛的指引下虽然得入"涅槃"，也只能成为阿罗汉，将来可跻入佛界的也只有弥勒一人，所以小乘教专崇奉佛和弥勒。这些与龟兹石窟的一些题材是相适应的。但龟兹石窟的大量题材多是大乘教的。大乘教是公元 1 世纪时马鸣菩萨所创始。它与小乘相反，认为佛有许多化身，积许多世功德得入"涅槃"的人可以暂时不入，下降尘世，普度众生；任何人不必出家苦行，只要信仰虔诚，敬佛敬菩萨，都可以成佛。在印度，大乘教有两个根据地，一个在印度南部，一个在印度北方。当时，新疆盛行的大乘教一般是来自西北印度的罽宾，这在当时正是贵霜王朝统治的区域。宣传大乘佛教的文学和艺术，同时反映了中国民族文化和印度、波斯、贵霜等文化交流的关系。

大乘教表现在佛教文学和美术上最为生动有趣的是描写佛的前生无数次牺牲为善的故事，一般称为本生谭。本生谭如许多宗教的行传那样，为了把佛陀的难行苦节叙述得生动感人，往往把事情的经过穿插了人的生活和自然景物。这些神话式的穿插，使故事的情节栩栩如生地跃然纸上。故事结构严密，情节紧凑，文字优美，使早期佛教艺术充满了丰富的想象力和创造力，谈起来像抒情叙事诗篇似的引人入胜。因此，描写本生故事的画也同样生动美丽，较佛与菩萨像更有说服力地感染善男信女。本生谭产生在印度，由于民间原有的因果报应与"轮回果报"的传统思想，使之不仅在佛教文学和美术上占有重要地位，而且也是印度古代民间传布最广泛的通俗文学和民间美术。著名的印度古代佛教遗迹巴尔胡特、桑奇大塔石栏雕刻和阿旃陀壁画等，大体是以本生谭故事为主题内容的艺术作品。印度最早记载本生谭故事的书，是用巴利文写的，据英国福斯保尔氏（V.Fausboll）研究整理的结果共有 550 种之多。这些本生故事的汉译本都数见于《大藏经》中的《佛说譬喻经》（唐代义净译）、《贤愚经》（北魏慧觉译）、《杂宝藏经》（北魏吉迦夜、昙曜共译）、《撰集百缘经》（三国吴支谦译）等，总数也有七八十种。它们对后来唐代盛行的俗讲和佛教美术的连环故事画是有很大影响的。存在于我国敦煌、龙门等著名石窟寺的本生故事画只有菩提萨埵、须达拿、尸毗王、毗陵竭梨伽、摩诃瑜摩伽、睒子、鹿王等十种，但古龟兹国所绘的极其生动的本生故事画，仅克孜尔一处，据我们调查所得就有三十余种。它们是：

睒子本生

鹿王本生

须阇提本生

忍辱本生

尸毗王本生

战达罗钵剌婆（月光）王本生

慈力本生

虚空净王本生

端正王本生

设头罗健宁王本生

阿梨那密多本生

波耶王本生

修楼婆本生

大光明王本生

虔阇尼婆梨王本生

须达拿太子本生

善友本生

昙摩钳太子本生

萨缚达王本生

象本生

鹿本生

猕猴本生

狮子本生

邬耶格利本生

鸽本生

商主本生

国王本生

舞师女作比丘尼缘本生

雪山婆罗门本生

牟尼女本生

……

此外，可能还有三四十种尚待研究的未名本生故事画。集七八十种本生故事在一处石窟中，这是世界上任何佛教艺术中心所少有的。因此，古龟兹国石窟是研究我国佛教艺术最重要的民族艺术宝库之一。这么多几乎全部是佛本生故事的描写，反映出佛教在公元2—3世纪时是以大乘教的形式传入南路的于阗和北路的龟兹的。龟兹在鸠摩罗什去内地传教之前，即4世纪初，由于统治者的支持，还是信大乘教的比较多。伯希和1907年在自库车去拜城16公里名卡鲁儿（Garaoul）的山峡小岩上一个古代堡垒中盗去的许多以古龟兹语书写的木简文书中，就有代表大乘教文学的《大光明王本生经》。这与龟兹石窟壁画中的佛教本生故事画为主题的关系是非常密切的。

龟兹石窟的壁画，还有很多画着佛本行经变的"降魔变"和"涅槃变"。它是佛教传入初期常用的描写释迦牟尼入灭的历史事迹，也是佛传"八相"中最末的一相。一般讲来，佛教图像分为一是单纯的佛、菩萨、弟子、飞天、罗汉的像，一是佛经故事用图画来表示情节。有时只画故事的一个场面，有时从故事中摘取若干有代表性的重要场面，有时像今天连环画那样用图画来叙述故事的过程，目的是使信徒更加明白，这种情况就叫作"变相"或"变"，如"西方净土变""法华经变"等等。除此之外，还有其他依据释迦牟尼传记的经典把佛一生的故事都描绘出来，叫作佛传故事画，如为数甚多的涅槃和荼毗（即火化）、曼荼罗等。

这些丰富的大乘佛教的艺术内容正可以说明石窟的创造年代，十分可能在龟兹早期佛教盛行的时候。这也就可以与上面所说温宿王蓝的历史纪年在 3 世纪左右联结起来了。过此之后，一直到玄奘到达龟兹之时，由大乘教转入"习学小乘教"。佛教势力逐渐衰落，直到 11 世纪初伊斯兰教东传，总计佛教在龟兹的活动历经七八百年才宣告终止。

古龟兹国石窟的题材和内容即如上述。然而使人惊异的是，石窟的建筑形制和壁画风格却具有它自己的艺术特点。这是本地居民在佛教传入以后，在本民族固有文化的基础上，广泛地吸收印度文化、我国中原文化和中亚贵霜王朝文化，交相辉映而放射出来的独具新疆艺术特点的文化类型，值得我们认真地谈一谈。

首先让我们来看看龟兹石窟的建筑形制。一般说来，龟兹石窟群的建筑形制和性质可分为三大类：

第一类，窟寺——早期、中期。

克孜尔石窟第 163 窟　主室券顶　本生故事（新疆维吾尔自治区克孜尔石窟研究所供图）

克孜尔石窟第 171 窟　主室券顶　本生故事（新疆维吾尔自治区克孜尔石窟研究所供图）

第二类，精舍——早期、中期。

第三类，寮房、仓库——中期、晚期。

第一类窟寺，其性质与印度石窟的"支提"相类似，为僧尼及善男信女巡礼参拜之用，约占石窟群总数的三分之一，建筑时代大约属于早期和中期。第二类精舍，属于毗诃罗窟，是专供僧尼们静修和讲学用的，为数较少，修建时代与窟寺相同。第三类为一般僧尼起居用的寮房，这类建筑在古龟兹石窟群中所占数量约有三分之一，在时代方面大体是中期和晚期所建。寮房建筑较简单，从甬道进入，过一个房门就到卧房，内部陈设只有一个卧炕、一个窗和一个火炉，四壁涂白垩，没有壁画。精舍除寝室外还有讲堂，讲堂正面窟壁有装饰性的壁画，壁画距地面甚低，估计高僧说法可能席地而坐，信徒们也是席地而坐的。主要的石窟壁画大体上都在支提式的窟寺中。

龟兹石窟建筑式样因时代不同各具特点，因其与敦煌、麦积山、云冈、龙门等处石窟形制有所不同，所以我们定名为西域式。现分成甲、乙、丙、丁四个类型分别叙述如下：

甲、乙式是西域洞窟最早的式样，它的特点是窟门敞开，据崖雕凿，在不深的殿堂中央，雕凿一个大立佛。窟顶依照大立佛的头和两肩的大体轮廓凿成穹隆形，象征着天体的穹隆形式。这样高敞的大石窟和内容差不多与洞窟等大的立佛的布置很适宜于佛教传入时宣传的要求，给予过路的善男信女、旅客行商以超人的宗教上难忘的印象。然而，大立佛的石窟在新疆并没有得到很大发展，其主要原因是沿天山南麓一带的黄土和砾岩的地质结构松脆，不适宜于雕凿。基于同样的原因，早期的大立佛也可能是用泥土塑造以代替雕刻。泥土塑造的大立佛经过近两千年的风雨剥削侵蚀，早已无存，仔细考察，尚可在残留的木桩孔眼中看出过去曾有大立佛的痕迹。这种情况，使我们很容易想到葱岭以西、属于现今阿富汗的古代犍陀罗与大夏之间交通要道上的瓦岗谷地高达五十三米的大立佛像及其佛窟，同时也容易想到玄奘到龟兹时所见到的大佛，如《大唐西域记》载："大城西门外，路左右各有立佛像，高九十余尺。"

丙、丁式的西域洞窟晚于甲、乙式，属于中期，其年代大约自4世纪到7世纪。其建筑形制较上述甲、乙式大型西域窟型已有了很大改变，吸收了当地民族的发券的穹顶。但其最大的改革是规模的缩小，一般只在三四米左右。石窟的主要部分为前室和后室。前室正面有一个龛壁，龛壁内代替早期大立佛的是一个结跏趺坐的释迦造像，龛周围画着富有西域民族特征的供养天人及伎乐，以及左右两壁的说法图等，是专为信徒们巡礼供养所设的偶像。前室穹顶上显著的菱形斜方格内画了大乘佛教美术中最为出色的本生故事画。这些画有的集中在南北两侧，中央以"日天""月天"为界，每边各有一个上下。左右两壁，分别画着二格、四格或八格的说法图。窟门入口上方，大体上也是画着说法图。前室龛壁左右两个甬道，通过甬道可以到达低矮狭小的后室。甬道左右奥壁通过道口射进去的光线隐约可以看到一些壁画，大抵是些供养人像。克孜尔石窟被勒柯克题为"画家洞"，留有著名画家米特拉旦达（Mitradatta）的图像，是穿着龟兹当时的民族服装，证实了龟兹石窟的壁画是当时当地民族画家所画的。后室中心柱的后面，是一个狭长而阴暗的背面。中央往往画着释迦入涅槃的壁画。对面龛柱的壁上，是画着佛陀在拘尸那竭罗城入"涅槃"和荼毗圣骸、国人及释迦族众分舍利（遗骨）的故事。

如果说，我们进入前室时，看到佛像及佛说法、佛本生故事画等使我们感觉到有一种光明和希望的象征的话，那么，通过狭小的甬道进入，后室就觉得有点悲悯和感伤的情调了。从直挺挺横卧在右手上的释迦的造像，举哀的弟子，火化圣骸，守舍利，一直到摩耶夫人灵梦及供养人等，把生前死后的事迹，把过去及现在夹杂在一起，联系起来的确就是一幅十分庄严悲哀的画面。这里，建筑的分配与壁画的布置，通过高仅容身的狭长甬道，进入后室时每一个巡礼者产生了艺术家所要求达到的宗教上的神秘而悲哀的感情。因此，不能不使我们佩服艺术大师们成功地获得了舞台上戏剧的效果，这就是我们要特别指出来的龟兹中期西域式民族形式的石窟的智慧的创造与伟大的贡献！

窟寺建筑形式，除上述西域式外，还残留有若干受了外来影响的窟寺形制。这是人们所公认的与犍陀罗庞得林院罕神庙藻井相仿佛的洞窟建筑，时代大约在 5 世纪左右。它的特点是与中亚细亚的神殿一样，一般是使用立体多重斗四的套斗方形窟，中央有一中心柱，中心柱上有佛龛及佛像，四面都有壁画。也有的洞窟没有中心柱，则后壁有龛及佛像，窟顶作斗四藻井。它们的建造时代可能较早，属于初期。但这类洞窟并不坚牢，容易崩裂，可能经过一段实践之后，后来放弃了。此外，还有混合了几种不同形式的洞窟，在时代方面可能比较晚一点。它们是以西域式为主。石窟内主要是一个龛柱，前室部分混合了与内地敦煌及麦积山等地的人字披形、犍陀罗形、波斯式的洞窟。在这些不同洞窟式上的壁画装饰内容，也因之而异。令人注意的是在很大程度上，它们还吸收了中国内地的很多装饰纹样，如在犍陀罗式洞窟顶上的万字回文图案与波斯式圆顶上的唐人画风的菩萨像等。这是毫不奇怪的，龟兹从西汉时起，就积极接受汉文化，《汉书·西域传》所载龟兹王绛宾王娶解忧公主之女，双双入朝的事是大家都熟悉的了。本传还说他们：

> 元康元年，遂来朝贺。王及夫人皆赐印绶。夫人号称公主，赐以车骑旗鼓，歌吹数十人，绮绣杂缯琦珍几数千万。留且一年，厚赠送之。后数来朝贺，乐汉衣服制度，归其国，治宫室，作徼道周卫，出入传呼，撞钟鼓，如汉家仪……绛宾死，其子丞德自谓汉外孙，成、哀帝时往来尤数，汉遇之亦甚亲密。

逮至东汉，在此建立西域都护府，经过魏晋南北朝而到唐朝于此设立安西大都护府，汉族移居此地者愈来愈多，不少龟兹石窟本身就是汉族人开凿的，窟内反映汉族和中国内地的装饰纹样也就不足为奇了。

其次，再让我们来看看龟兹石窟的造像和壁画的艺术特点。

新疆佛教艺术所受外来影响中最显著的是在早期佛与菩萨的造像方面。一般说来，造像受犍陀罗佛教艺术影响较深，但也有自己民族的特点。犍陀罗艺术的影响在天山以南南北两路都有。南路的于阗，是大月氏贵霜王朝迦腻色迦时代中国与印度（西北印度的罽宾即迦湿弥罗）往来必经之路，因此于阗的佛教艺术是最早接受犍陀罗影响的地方。在于阗的拉瓦克，斯坦因曾盗去一个大约在 1 世纪左右制造的佛像，它就具备着犍陀罗典型的特点。1906 年伯希和无意中在北路西面巴楚的图木舒克和肖尔楚克地方 3 世纪时代的寺院遗址中发现的富有犍陀罗风味的彩色烧陶造佛像，是非常重要的证据。犍陀罗艺术东越葱岭，到达新疆的时间，差不多与到达阿富汗同时，较到达印度中部的时间可能还要早一点。因此，新疆早期佛教艺术造像部分所受希腊佛教艺术的影响是比较显著的。这里，为了全面地观察，我想先说一说南路于阗地方的佛教艺术。正如斯坦因在米兰盗窃的寺院里的泥塑大佛一般，1953 年我们在和阗以东的洛浦县里，由一个维吾尔（族）人捐献了两个 45 厘米高的泥塑大佛头。问他的来历时，他说："在距县城北面十五华里处接近塔克拉玛干大沙漠边缘的拉瓦克（Rawak）地方的古城处迷失了路途，忽然在沙漠中发现了一个圆顶的庙宇，中间有文书及佛像，四壁都是影塑。我见地上有两个大头，就把它们拿回来了。"这个泥塑佛头的作风有丰富的地方色彩，在时代方面可能是与上述图木舒克同属 3 世纪的产物。

关于古和阗佛教美术的民族特点，斯坦因在盗走了这个地方的文物之后，曾有这样一段论述："我们如果考究一下早期和阗佛教美术的影响下，为什么会产生额骨高、眼睛浅、鼻短梁平的面容的原因，就不能不认识这些佛像面容实际上是反映地方民族的特点……是由遥远的中国内地所反射出来的。"[1] 这里所述的和阗艺术的民族风格的情况实际上在《魏书·西域传》"于阗"条里有更清楚的记载："自高昌以西，诸国人等深目高鼻，惟此一国，貌不甚胡，颇类华夏。"

北路上的龟兹，隔塔克拉玛干正与古和阗遥遥相对。这里的石窟艺术从早期石窟建筑形式一直到塑像内容还遗留着不少犍陀罗的风味。早期的大立佛可惜现在已完全坍毁了，但在这些大立佛窟的废墟沙土中，我们在 1953 年调查时，清理出一批木雕、泥塑与烧陶菩萨的残片，特别要提到的是从喀什到库车一带所发现的烧陶佛像的菩萨像。从勒柯克窃去的文物中可以看出他在阿克苏与疏勒之间的肖尔楚克（Chorlchoug）地方搜刮到一种用石膏做成塑像的印模，由此可以证明新疆地区石窟塑像是采用印模后黏合的，因此在佛龛内部或墙面的塑像大部分属于浮雕兼或有圆锥的，那是由前后两个半身黏合的，材料方面有用石灰的、石膏的，

---

[1] 见斯坦因：《古代和阗》（*Ancient Khotan*），第 166 页。

或有用泥土的。造像的底部全涂白色，上部分涂各种色彩。这与犍陀罗石像底部涂金，上部涂各种色彩的办法相同。但这种浮雕的泥塑显然不够坚牢，所以在库木吐拉石窟中，坐佛塑造方法采取了先从岩壁凿出高雕式的坐佛石胎，然后再加泥塑。如今头部及泥塑全身已完全剥光，只留石胎。这与敦煌莫高窟第130窟的弥勒大坐佛的造像方法完全相同，不同的只是敦煌的大佛造像头部全像由岩石整块雕凿而成。

勒柯克在库车以西肖尔楚克地方石窟佛龛内发现的彩色塑像，属于高雕的一部分，专为装饰佛龛内供养菩萨。还有肖尔楚克西面的是巴楚地方的图木舒克寺院遗址所窃去的许多大型的佛与菩萨组成的高浮雕群像。群像的服饰敷彩、人体的典型风格与龟兹五六世纪的洞窟壁画极为相似。

我们在克孜尔也发现了比较完整的烧陶头像。从这些栩栩如生的、美丽的烧陶面部造型，可以看出使人惊异的写实的作风。它与勒柯克在库木吐拉盗去的彩绘供养天人女像的面部表情极为相像。彩塑是中国民族传统的优良的艺术遗产，龟兹石窟的泥塑艺术像与和阗的艺术佛像、敦煌莫高窟及天水麦积山的彩塑一样，都是中国传统艺术结合新的佛教内容进一步发展成长起来的果实。上述分布在和阗、巴楚、拜城和库车一带的菩萨像与烧陶佛像，大与人等的尺寸，可以设想在造像过程中，要有容纳如此巨大体积的窑穴，它的火力与窟内装置又必定需要一套相当完备的科学技术。烧陶技术在我们中原地区有着悠久的传统，特别像甘肃地

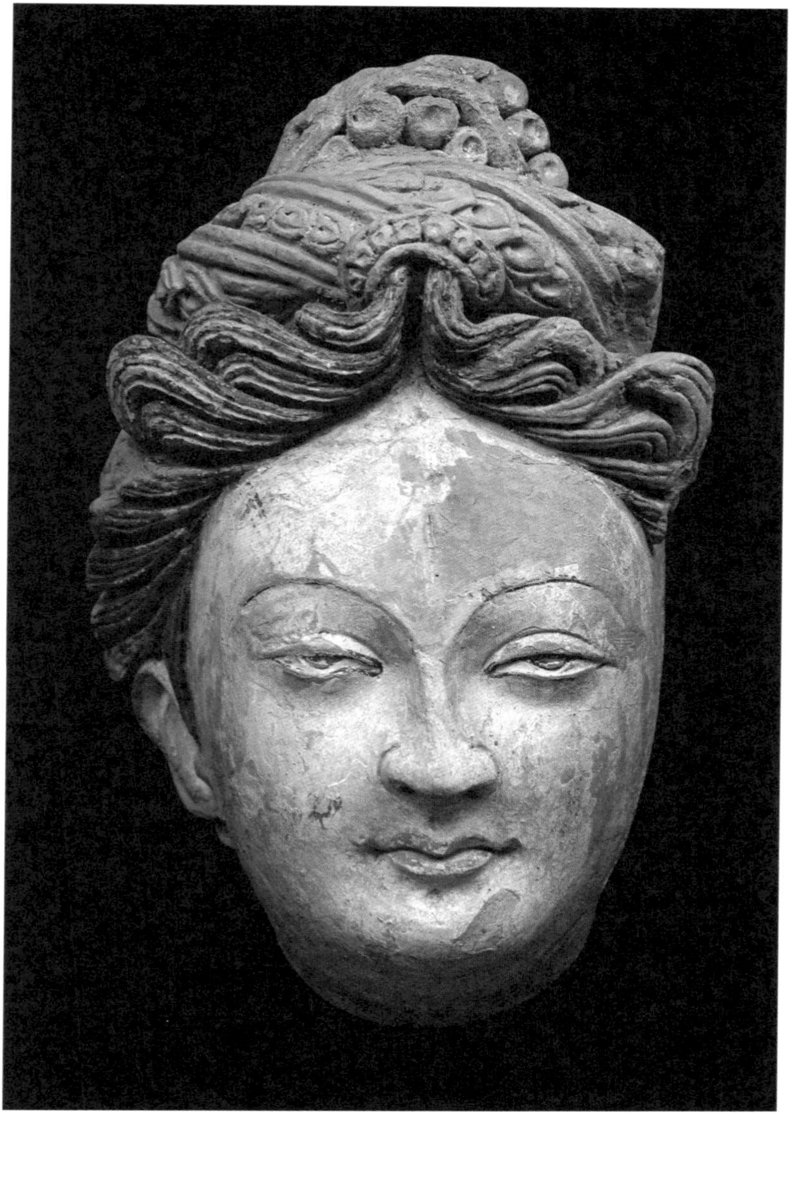

克孜尔石窟　烧陶头像（柴剑虹供图）

区在新石器晚期就已能烧制出大型精美的彩陶，此后甘、陕一带秦汉大型陶器和汉唐陶俑更在多有。因此，我们推断：新疆烧制各种陶佛像的技术，十分可能是从东方流传过去的各种陶器和精制陶俑的制作技术在古龟兹国发展起来的另一个新成就。

据勒柯克的报告说，他曾在克孜尔一个洞窟的佛龛中盗去一座人面象身的奇异的造像。这可能是中国佛教信徒和佛教艺术家据佛教文献记载研究创造出来的印度教的喜神"加纳沙"的形象。敦煌285窟绘于西魏大统四年（538）的壁画中，也有同样的神像，其表现方法与印度的"加纳沙"的形象比较接近。

犍陀罗艺术在佛像雕塑方面对新疆石窟艺术的影响就是如此。但是关于犍陀罗绘画问题，至今还没有发现明确的代表作。日本学者羽田亨在他的《西域文明史概论》一书中，也谈到过这个问题，但他把今阿富汗境内巴米扬大立佛窟的壁画飞天等认为是属于犍陀罗派的，同时又认为这些壁画显然为后世所画，因而还是怀疑不决。法国研究犍陀罗艺术的专家福熙，在他的《佛教艺术的始原》论著中振振有词地认为巴米扬大立佛窟的壁画，是现在唯一留存的犍陀罗绘画。他还将法国巴黎吉美博物馆所藏来自哈达（Hadda）的一块壁画拿来制成彩色版，说它是仅有的犍陀罗艺术代表作。现在看来，这些画都与犍陀罗艺术不相干，并且与犍陀罗雕刻艺术的特点很少有共同之处。因为犍陀罗早期的佛教艺术，只有雕像，没有绘画。后期的犍陀罗绘画，在新疆石窟壁画中虽有所见，但应该指明的是，它是中国民族绘画传统中骨法用笔的继续和发展。

在我国，早在原始社会就有彩陶文化，它以民族绘画形式创造出来的绘画，存在于古代新疆各族的文化活动中，各民族据此而加以发展并形成了描写自己的风格和习惯的绘画。自秦汉以来，各民族的中国绘画即以灵活的笔路和流利的线条，把造型的整体概括而生动地表现出来。

佛教传入中国后，即从3世纪左右开始，中国的佛教艺术便在民族艺术优秀的传统上成长和发展起来。在绘画和雕塑方面，应该肯定3世纪的画家曹不兴和4世纪时的雕塑家戴逵是中国佛教艺术的先驱者。关于戴逵创造的夹纻漆像和著名的丈六无量寿佛木像已见史籍。他承中国固有的传统艺术技巧，勤学苦练，暗坐帷帐，窃听众议，虚心钻研，人们对此已没有什么疑问的了。但对曹不兴，因为他与后来北齐的画家曹仲达的混淆，在唐人张彦远的《历代名画记》和宋人郭若虚的《图画见闻志》中，都把"其体稠密而衣服紧窄"的"曹家样"，说成是北齐的曹仲达而不是三国时代吴国的曹不兴了。"曹衣出水"的"曹"亦指曹仲达而不是曹不兴。郭若虚并且批评五代四川和尚仁显在《广画新集》中论曹不兴有关"昔竺乾有康僧会者，初入吴，设像行道，时曹不兴见西国佛画仪范写之，故天下盛传曹也"的论断。此外，他还引用了南齐谢赫在《古画品录》中所提到的"不兴之迹，代不复见，惟秘阁一龙头而已"，但"观其风骨，擅名不虚"。因此郭若虚舍远求近地说："至如仲达见北齐之朝，距唐不远，道子显开元之后，绘像仍存。证近代之师承，合当时之体范，况唐室已上，未立曹吴。岂显释寡要之谈，乱爱宾不刊之论。推时验迹，无愧斯言也。"当然，郭若虚的论断给后代艺术家对曹吴体式以很大的影响。但我们如果仔细研究一下，南齐谢赫的《古画品录》所列举的第一品五人中，将陆探微、曹不兴两个画家列在前茅。谢赫从曹不兴的一个龙头窥其风格，论为名不虚传。唐李嗣真在《后画品录》中把曹不兴、顾恺之列在中品上。曹、陆、顾这三个有名画家的特点，都以连绵循环的线条的密体著称，与张僧繇的"点、曳、斫、拂"汉画民族风格的"疏体"不同。而这个"密体"，正如元代汤垕在他的《画鉴》上指出的："曹不兴，人称善画作人物，衣纹皴皱，画家谓'曹衣出水'。"这就很明显地说出"曹衣出水"的"曹"是指曹不兴。明代王世贞论画人物出水说："人物自顾、陆、展、郑，以至僧繇、道玄，一变也。"这都说明以曹不兴为首的密体，是中国绘画受到自西域传来的佛教影响而产生的新的艺术风格。这个艺术在绘画上的特点，正是中国画家利用传统的线描，如"曲铁盘丝""曹衣出水"地把中亚佛教艺术稠密的衣褶用流利的笔路表现出来。可以说，只有中国画家才具有这种条件。

到现在，我们虽然看不到由 3 世纪画家曹不兴署名的"曹衣出水"的绘画真迹，可喜的是在新疆和敦煌的石窟壁画中可以看到"曹衣出水"的绘画风格。它们比之福熙、格罗赛等所论犍陀罗美术权威的作家在巴米扬所找到的更具有说服力和现实意义。举例来说，就是发现于 1946 年的克孜尔第 69 窟所见到的"曹衣出水"式的绘画。克孜尔第 69 窟，修建的时代可能在 3—4 世纪之间的两晋十六国时代，壁画画的是一幅本生故事画。一个身着袈裟的比丘，为突如其来的犊牛的袭击所惊骇，因此他的袒露右肩的衣着，用稠密的

克孜尔石窟第 77 窟　天宫伎乐（局部）　天女（新疆维吾尔自治区克孜尔石窟研究所供图）

克孜尔石窟第 80 窟　主室正壁　天人（新疆维吾尔自治区克孜尔石窟研究所供图）

克孜尔石窟第99窟　主室正壁　天人（新疆维吾尔自治区克孜尔石窟研究所供图）

线条刻画比丘身上绵密柔软的衣褶。由于惊骇而起的复杂的衣纹模样，是符合中国画史上所称"曹衣出水"式的特点的。这还可以从顾恺之的《女史箴图》和《列女传图》得到证明。要追究这一线的传统，正如谢赫在他的《古画品录》中所论："古画皆略，至协始精。"这里的"协"是指卫协，"协师于曹不兴"。曹不兴是吴人，江南的画家，因此，与犍陀罗雕刻衣纹相似的绘画风格，是中国南方创造的。这种风格，不仅及于边远的新疆，甚至还到中亚细亚及拜占庭。这正说明了中国艺术向西发展的事实。因此，那些强调犍陀罗绘画艺术对中国绘画艺术的影响，甚至于提出中国的绘画来自西方的说法，就大有驳斥的必要了。

新疆石窟壁画既是民族传统中光辉的创造，又富有现实主义的因素。从它多式多样的本生故事画中，我们不难看出人物故事的内容和当时的风格体制。与身穿"曹衣出水"衣纹的比丘并排站立着的断发齐颈的供养人的打扮，正是《晋书·四夷传》"龟兹"条"男女皆剪发齐项"和《新唐书·西域传》"龟兹"条所记"俗断发齐项，惟君不剪发"的真实写照。从这些有趣的古龟兹国男女供养人的服饰，我们体会到反映古代西域人民生活的绘画是十分忠实而又富有民族色彩的。这些绘画中的装饰布置也与至今还存在的穹顶房屋式样完全一致。

至于把佛传、本生故事画在菱形斜方格内的问题，西欧专家们认为是受了伊朗艺术的影响；日本西域美术专家关卫也附和这一说法。他们都没有提出可靠的证据。我怀疑这种形式可能是受

克孜尔石窟第 167 窟　窟顶（柴剑虹供图）

了印度早期以树叶做房顶的影响。印度创制于公元前 2 世纪的著名的巴尔胡特（Bharhut）石栏浮雕中，所表现的本生故事画中就是以树叶覆盖的庐舍屋顶装饰，就极相似于龟兹石窟穹顶上的菱形本生故事画。

第二节　克孜尔石窟

著名的克孜尔石窟在今拜城县克孜尔镇东南大约 6 公里处，距库车县城和拜城县城都是 70 公里。石窟群修建在克孜尔山的岩壁上，岩壁为沙石的水积层，在形体上与甘肃省炳灵寺石窟相仿佛。岩石的坚牢度很强，但因受到风化雨蚀，岩壁蜿蜒曲折，高低上下极不一致。窟前积土成田，遍植杨柳和沙枣树，木扎提河（Mojast Dawon）自西蜿蜒东流，风景宜人。

克孜尔石窟是古龟兹国最大的一个石窟，也是新疆至今保存得最多、最完好的一座石窟。石窟群经 1953 年西北文化局新疆文物调查组编号共有 235 个。编号次序自西向东共分三个段落。西段自第 1 号窟到第 108 号窟，共计 108 窟，中隔山谷流泉，蜿蜒流入木扎提河。东段石窟群自第 109 号到 201 号，共计 93 窟。第三段是在东岩尽头处纵上岩层约高 20 米处，由于数百年来的山石剥落，石窟下面积土很多，很可能埋藏了不少石窟。近年来就曾发现一个，编为新 1 号窟。

克孜尔石窟群的建筑形式和内容性质同龟兹其他石窟一样，亦分窟寺、精舍和寮房仓库三大类。窟寺共 170 多个，特点是窟顶作半圆的穹形，中央一个佛龛，分窟寺为前后两室；两室穹顶及左右前后均有壁画；佛龛有佛像。从时代上说，属于早期甲、乙式样的只有第 47、48、70、77、139、154 六个洞窟。其中，除第 47 窟还残留极少的壁画外，其他石窟都已损毁无遗。属于中期丙、丁式样的洞窟约 59 个。这些洞窟的创建，正是在民族艺术传统的光芒照耀外来窟寺式样而引起的演变和发展的时代，是西域式洞窟形成并发展的时代。克孜尔石窟受外来影响的套斗方形窟有 7 个，波斯式圆顶方形窟 12 个。此外，还有数十个混合了几种不同格式的洞窟，时代较晚。

精舍，即毗诃罗窟，在克孜尔主要是指高僧高尼的说法讲堂。如克孜尔第 118 窟精舍共分前后两室。前室为高僧说法打坐处。后室与前室之间尚有一入口和二窗户，作为照射阳光与听法传经处。后室中央画菩萨说法图一幅，左右角各有西域服饰的女供养人四身。穹顶壁画画山林苦修图，中间有"日""月"及"狮王本生"，四壁画有虞美人等类似阿旃陀窟第二窟窟顶图案的画法。此精舍内布置情况，疑为葱岭以东王族妇女经常莅临听法的比丘尼说法的讲堂。这种格式，比起印度格式的精舍已有很大的改变。在印度，毗诃罗窟的定义有广狭二义，广义来说，是众僧的院落，是佛寺境内僧众住处和供养殿堂的总称呼；狭义的说法，如《求法高僧传》卷上所载："毗诃罗是住处义。此云寺者，不是正翻。"

克孜尔石窟　谷内区外景（霍旭初供图）

克孜尔石窟　谷西区远眺（霍旭初供图）

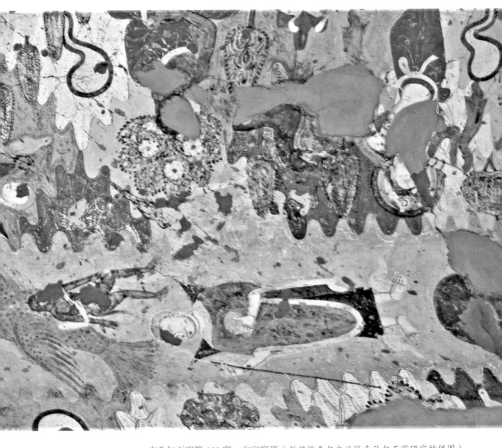

克孜尔石窟第118窟　主室窟顶（新疆维吾尔自治区克孜尔石窟研究所供图）

克孜尔石窟第 118 窟　内景（新疆维吾尔自治区克孜尔石窟研究所供图）

上述第 118 窟与克孜尔大部分精舍相同，都是处在较高的后山，据不完全统计，共有精舍与僧房 64 处。这些精舍和僧房，内面布置宽敞，有炕，有壁炉，亦如《十诵律》第三十四所记："室内以种种色彩绘画装饰。"这样的精舍，已不单纯是众僧住处，而成为说法的讲堂了。

寮房，亦即僧侣的住处。佛教仿婆罗门制度，一比丘一房。虽然也有集合小房成一集体僧院的，但总以一个人住一间房为原则。如《有部目得迦》所载："五百口方床……五百火炉。"按照佛经所述，寮房一般是草木或泥制造的，大抵建筑在山上、水边、树下、大石边等石窟中。据上引《十诵律》第三十四所详述，室内以种种色彩绘画装饰，设床榻。此床在印度多为绳床，其上敷甘蔗之滓与瓜蔓等草，原来没有门户，为防止狗、牛、马、野兽的侵袭才装了门户，但没有锁钥，所以可以自由开闭。闭户房内黑暗，不能见物，因此又设纳明窗。为了防止鸟类飞入，妨碍坐禅与读经，故又作棂子张网。

克孜尔寮房，大体是集中在后山，成为僧院。寮房入口是一个甬道，顶作穹形，经过外甬道才到达内门。现在内门已没有了，但还残留着雕凿石壁做成的门框。入门右首有一个壁炉，生火处的岩石已被烧红了，它还使人们仿佛感受到千余年前，僧尼们用来抵御西北冬天严寒的火炉的炽热的火焰。布置在窗口门外的还有一个或两个小壁柜，那里面大小可以容纳一个小壶和石器之类的东西，那可能是当小沙弥送水或食物等每天日常工作，碰到高僧大德已在聚精会神地坐禅或念经的时候，就不敢叩门入室去惊动他，因而放在门外壁柜中自己就悄悄离开了。左边一个并不过高的大炕，它的高度与唐人坐的低床一般，坐上去感到非常舒适。这虽然不是用草、木、泥土制的床，但寮房的布置，一窗、一炉、一炕，都与佛经上所说的印度僧房基本上是相同的。

还要提到的是克孜尔石窟的组合，正如有些人译"僧伽蓝"的名称为"丛林"一般，那是僧人们聚居的中心。每一个中心除掉上述窟寺、精舍、寮房外，还有类似仓库的石窟。如第 72 窟的大仓库，即是由五个分别开凿的深坑制成的。中央一条走道，五个深坑是左右各两个、正面一个。正面的仓坑比较大，两侧各两个只露出 72 厘米的口子，上下要用梯子。洞窟内保持不变的温湿度，确是一个设计精巧的储藏室或粮食食物仓库。勒柯克 1906 年来此时，曾从仓库中盗走大批古文书和文物，不知是否是在这个洞窟。

关于克孜尔石窟壁画作风和技术上的问题，我们分三个时期加以说明。

（一）首创时期，约 3 世纪初至 4 世纪初的魏、西晋时期，只有一百余年的时间。这个时期的代表窟是第 47 窟和第 17 窟。

克孜尔第 47 窟平面作长方形，分前后二室。前室作摩崖露天大龛，高达 16 米以上，龛内塑的大立佛，也应在 16 米左右。但这个大立佛和其他几个首创时期的大立佛一样，由于岩壁沙石的松脆，现已全部毁灭，荡然无存。前室壁画已大都脱落，只在巍峨高大的穹形窟顶上，可以看到两个残存的飞天。他们与阿富汗巴米扬壁画的飞天有很多类似的地方，但从其朴实厚重的描绘技术看来，绘画时代显然早于巴米扬飞天。室内两旁开甬道，通过甬道，遂有一个规模较大的后室，后壁凿有一个长条形的大涅槃台。台上的卧佛造像已全部毁损，壁画的大部分也都被人盗窃剥离，残留极少。靠涅槃台壁上，尚残留举哀弟子、飞天、花幔等。后壁残留的壁画因为受不到直接的阳光，所以色彩仍比较鲜明。这时期的壁画是用比较热烈的红、黑、绿、青色调构成的，加上粗壮遒劲的笔触画出的人物轮廓线，显示出古老色相。最为特殊的是涅槃台右壁屹立的佛弟子像，他们每一个都是露头跣足，穿着右袒的袈裟，肩上各有火焰，一个接一个地以 45 度的倾斜姿态站在佛足的后面。这种大胆的、不平衡的构图方式，摇摇欲坠地增加了弟子对佛陀虔诚而悲痛的感情与宗教上庄严肃穆的气氛。就整个的艺术风格来说，它与中原各地发掘出土的东汉墓葬中的壁画风格是比较接近的。

克孜尔第 17 窟，从洞窟形制以及壁画的作风看，可能修凿在 3 到 4 世纪之间。这是代表早期克孜尔壁画的洞窟，因为地处高崖，保存得比较完好。由于崖壁是以坚实的白土做底层，当 20 世纪初叶有外国考察队进行劫夺时，曾经试图剥离而没有达到目的，但至今还可以看到斑斑的伤痕。然此窟遭到的破坏并不多，仅仅通达前后室的甬道及后室破坏较为严重，前室穹顶的本生故事画几

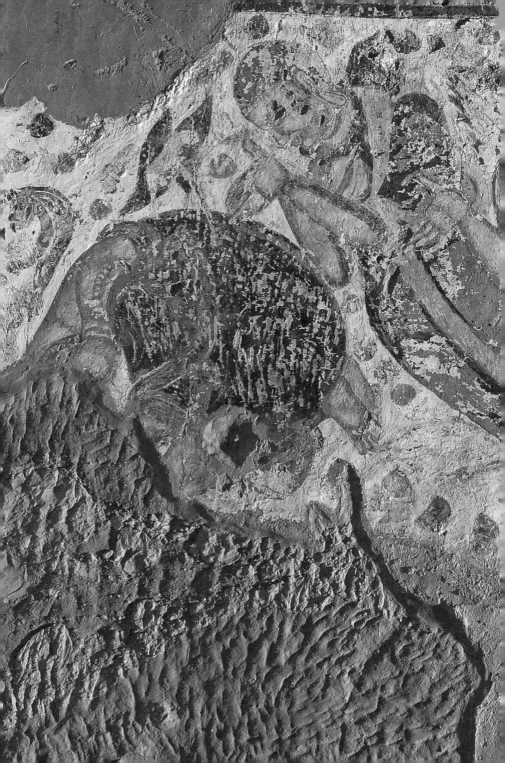

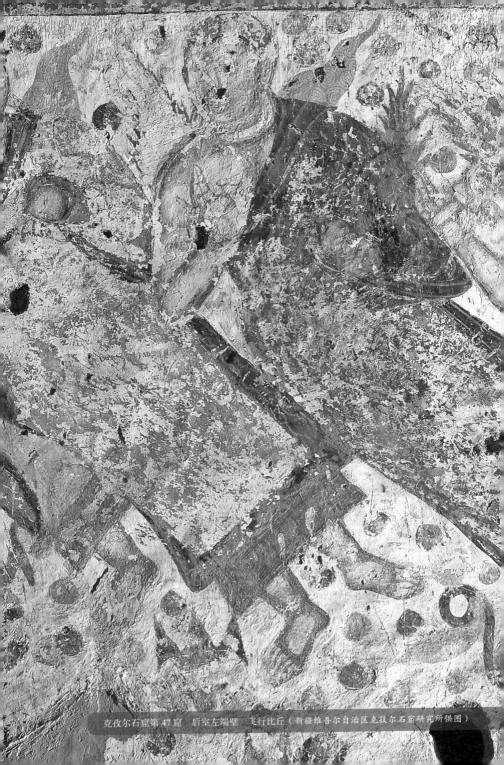

克孜尔石窟第 47 窟　后室左端壁　飞行比丘（新疆维吾尔自治区克孜尔石窟研究所供图）

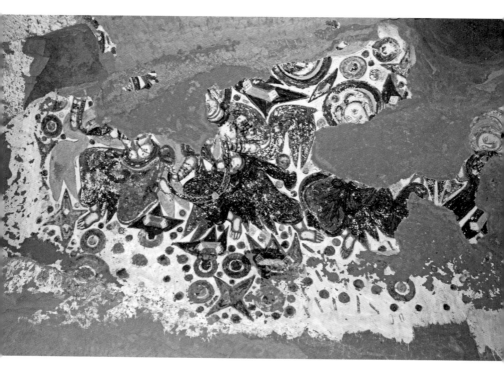

克孜尔石窟第 47 窟　后室券顶　飞天（新疆维吾尔自治区克孜尔石窟研究所供图）

乎全部保留完好。这个中型西域式洞窟前室穹顶菱形佛本生故事画共计还有 38 种。如同所有西域式洞窟内部壁画布置的一般习惯，这 38 种内容不同的本生故事画，以中央为界线分别布置在左右两旁。穹顶右侧本生故事画的一部分，自下而上 1 至 16 共有十六块菱形本生故事画，现在就其形象可能辨识的列举于后：

01. 月光王本生故事

02. 昙摩钳太子本生故事

03. 端正王本生故事

04. 檀腻鞒婆罗门本生故事

05. 尸毗王本生故事

06. 虔阇尼婆梨王本生故事

07. 尸利苾提比丘本生故事

08. 虚空静王本生故事之一

09. 慕魄太子本生故事

10. 大施抒海本生故事

11. 修楼婆本生故事

12. ～ 15. 未详

16. 虚空静王本生故事之二

第 17 窟穹顶左边一部分本生故事画，也按照菱形排列。故事画的内容，就其可能辨认的将名称亦分别列举如下：

01. 端正王本生故事

02. 未详

03. 狮子王本生故事

04. 檀腻鞊婆罗门本生故事

05. 未详

06. 猕猴王以身作渡桥本生故事

07. 月光王本生故事

08. 大光明王本生故事

09. 设头罗健宁王本生故事

10. 虔阇尼婆梨王本生故事

11. 未详

12. 13. 未详

14. 相思鸟本生故事

15. 未详

除上述之外，17 窟在其他处还有尸毗王本生故事、萨埵那太子本生故事、猕猴王深坑救母本生故事、睒子本生故事、鸽本生故事和相思鸟本生故事等三十余种。总共合起来单是第 17 窟一窟就包含不同题材的本生故事画四五十种。其内容的丰富、关系的重要，单从上述这个数字就可以看得出来。再从这些菱形本生故事画概括简练的构图组织和粗放纯练的笔触，也可视作我国早期佛教艺术的优秀代表。这个属于克孜尔千佛洞早期稍迟一点的洞窟壁画特点，在用色方面，与早期初起的壁画一样较少运用赭红之类的热色调，可能因为变色关系，今天显现在壁上的是石绿、石青与黑、白数色较为突出。这个洞窟壁画的作者强调肌肉隆起

克孜尔石窟第 17 窟　主室券顶　大施抒海夺珠（新疆维吾尔自治区克孜尔石窟研究所供图）

部分的烘染，烘染的笔致旋转有力，勾勒的笔触也十分遒劲，与敦煌莫高窟北魏前期壁画的作风不谋而合，即 e 字形的眉眼关系和烘托鼻梁和眼珠高明部分所采取的白粉的点染法，至今由于变色形成"小字脸"的特征。

如果我们把敦煌莫高窟第 275 窟的尸毗王本生故事和克孜尔第 17 窟大施抒海本生故事并列对比，观者就不难看出这两幅画的表现技法是一脉相承的。令人惊异的是克孜尔距敦煌 1400 多公里，如果不是民族传统风格的延续，两地壁画风格会如此相近，真是难以想象的。

从敦煌莫高窟和新疆克孜尔两幅壁画的对照上，我们同样可以体验出两者都以同样的笔触来烘染肌肉的突出部分，使半裸体的人物有极其夸张的动作，尤其显著的是用 e 字形的笔调来刻画眉和眼的关系。

（二）演变时期，约自 5 世纪中叶至 8 世纪的南北朝至盛唐时期的近四百年间。

这个时期，洞窟建筑形式除了与首创时期相同的窟型之外，有新的创造。首先是出现了一些长方形的后壁凿龛，无甬道的小型支提窟和长方形的、四壁作画的毗诃罗窟。其次，是在洞窟的东、西两壁凿有小龛，或窟顶发券作五重斗四式、六重斗四式藻井的长方形窟等。前面已经说过，我们叫这种窟型为西域式洞窟。西域式洞窟，在建筑设计和壁画的配合上，都是精密设计的，如克孜尔大立佛石窟附近的第43窟[1]，就是如此。前室的布置是以佛陀说法为主。加上佛前生故事与供养人等，在比较明亮的光线配置中给人以希望、光明的感觉，后室以涅槃为主，在阴暗的、其间仅足以容人的甬道中，给人以沉闷、哀悼的感觉。

在西域式洞窟中最为特殊的壁画，是菱形叠鳞式的穹顶上的壁画。它们的主要内容是佛本生故事画。特别在较早的西域式洞窟中，差不多毫无例外都是画上各种本生故事画。稍后一点也有以说法图代替本生故事画的。本生故事，是指佛陀前世修行时代几经生死从事一切难行苦行的故事，即康僧会译《六度集经》所说的六种考验："一曰布施、二曰持戒、三曰忍辱、四曰精进、五曰禅定、六曰明度无极高行。"通称为"六度"。例如在布施方面，就有所谓须达拿太子把他们身外物布施之后，甚至又把自己的爱子爱妻也布施出去的故事。也有把自己的头颅、眼珠、脑髓等取下来布施人的。又如《悲华经》及《贤愚经》上所提到的商主本生故事，是说佛前世成为商业主，为了要解决诸商贾在漆黑的夜间通过幽谷的危险，自己把两臂捆绑了布，又灌上火油，点燃起来给大家照明。像这样惨无人道的自我牺牲故事以及《六度集经》中所标志的修行原则，毫无疑问地为当时封建统治阶级所欢迎。因此他们可以利用佛教作为奴役人民和巩固自己政权的工具。

---

[1] 校者按：此窟号似有误，现第43窟无佛本生故事与供养人画。

大乘佛教的本生故事画，即为克孜尔主要的壁画内容，当古龟兹国流行大乘佛教时，本生故事画的内容和技法的演变也极为丰富。克孜尔千佛洞本生故事画的杰出成就，就在于作者能够选择足以代表全部故事的主要场面，在有限的、小的菱形叠鳞状的构图范围中，生动地刻画出每一个故事的主体。试以《摩诃萨埵本生图》为例，这个故事叙述佛前生为摩诃萨埵时舍身饲饿虎的经过，原载《金光明经》卷四《舍身品》，原文如下：

（1）过去之世，有王名曰摩诃罗陀，修行善法，善治国土，无有怨敌。时有三王子，端正微妙，形色殊特，威德第一。第一太子名曰摩诃波那罗，次子名曰摩诃提婆，小子名曰摩诃萨埵。是三王子，于诸园林，游戏观看。

（2）次第渐到一大竹林，憩驾止息。第一王子作如是言："我于今日，心甚怖惧，于是林中，将无衰损。"第二王子复作是言："我于今日，不自惜身，但离所爱，心忧愁耳。"第三王子复作是言："我于今日，独无怖惧，亦无愁恼，山中空寂，神仙所赞，是处闲静，能令行人，安隐受乐。"

（3）时诸王子，说是语已，转复前行。见有一虎，适产七日，而有七子，围绕周匝，饥饿穷悴，身体羸瘦，命将欲绝。

（4）第一王子，见是虎已，作如是言："怪哉此虎，产来七日，七子围绕，不得求食，若为饥逼，必还啖子。"第三王子言："此虎经常所食何物？"第一王子言："此虎惟食新热肉血。"第三王子言："君等谁能与此虎食？"第二王子言："此虎饥饿，身体赢瘦，穷困顿乏，余命无几，不容余处为其求食。设余求者，命必不济。谁能为此，不惜身命？"……

（5）是时王子勇猛堪任，作是大愿，以上大悲，熏修其心，虑其二兄心怀怖惧，或恐固遮，为作留难，即便语言，兄等今者可与眷属还其所止。

（6）尔时王子摩诃萨埵，还至虎所，脱身衣裳，置竹枝上，作是誓言："我今为利诸众生故，证于最胜无上道故……欲度三有诸众生故，欲灭生死怖畏热恼故。"是时王子作是誓已，即自放身，卧饿虎前。是故王子以大悲力故，虎无能为。

（7）王子复作如是念，言："虎今赢瘦，身无势力，不能得我身血肉食。"即起求刀，周遍求之，了不能得。即以干竹刺颈出血，于高山上投身虎前。是时大地六种震动……是虎尔时见血流出，污王子身，即便舐血，啖食其肉，惟留余骨。

上述故事，在敦煌北魏晚期洞窟壁画中有第 428 窟东壁的连环壁画。这是由 13 个主要场面、分三个横条组织而成。其排列次序图解如下：

（1）三王子在出猎前辞别父母。

（2）三王子并驾向园林进行。

（3）试猎打靶。

（4）三王子有预感。

（5）更前行。

（6）发现饿虎及七小虎。

（7）第三王子摩诃萨埵动舍身喂虎意念，劝二兄先行。

（8）摩诃萨埵舍身卧虎前，虎饥饿疲乏，无力食人。

（9）摩诃萨埵起身以干竹刺颈出血，自悬崖投身喂虎。

（10）二兄不见弟，折回原地，见弟尸骨，惊惶悲痛。

（11）二兄骑马归途。

（12）向父王报告摩诃萨埵喂虎情况。

（13）建塔成佛。

克孜尔石窟第 47 窟　后室右端壁　摩诃萨埵太子舍身饲虎本生故事
（新疆维吾尔自治区克孜尔石窟研究所供图）

上述十三个阶段把摩诃萨埵成佛故事，按照佛经，十分详细地描述出来了。

同一本生故事画，在敦煌北魏初期的第254窟却是一个画面，同时并列：（1）三王子；（2）干竹刺颈；（3）喂虎；（4）二兄抱弟尸痛哭；（5）埋首起塔等五个场面。但是，克孜尔的壁画却只有"舍身喂虎"一幅画面。这幅画，已把主题精神概括地表现出来了。

另外，我还想提出大光明王本生故事的内容，与克孜尔壁画中所见的画面进一步来作一个对证。大光明王原名摩诃波罗婆修（Mahaprabhāsa Jūbaha），是《贤愚经》上一个主要内容，也是中亚和新疆一带佛教文学和美术的描写主题。法国人伯希和曾于1908年在库车盗去古龟兹文的《大光明王本生经》经文一部并译为法文。这个本生故事内容情节比较曲折复杂，但描写的文字非常优美。全部译成汉文是在南朝宋元嘉二十一年（444），河西高僧昙学、威德等八人在参加西域于阗大寺五年大会归来时自高昌携归翻译。可见新疆大乘佛教文学和美术的发展较内地为早。这部《大光明王本生经》因为经过上述的历史，所以它与古代佛教文学和艺术的关系也是比较重大的。这个主题，描写在龟兹洞窟壁画中的也比较多。为了全面了解，兹将内容节录在下面：

过去……有一大王，名大光明，有大福德，聪明勇慧，王相具足。尔时边境，有一国王，与为亲厚，彼国所乏，大光明王随时赠送；彼国所珍，亦复奉献于光明王。时彼国王，大山游猎，得二象子，端正殊妙，白如玻璃山，七支拄地，甚可敬爱。心喜念言：我今当以与光明王。念已，庄校金银杂宝，极世之珍，遣人往送。时光明王见此象已，心大欣悦。时有象师名曰散阇，王即告言："汝教此象，赡养令调。"散阇奉教，不久调顺，众宝交络，往白王言："我所调象，今已调良，愿王观试！"王闻心喜，迟欲见之。即击金鼓，会诸臣下，令观试象。大众既集，王乘是象，譬如日初出山，光明照耀。王初乘象，亦复如是，与诸臣民，出城游戏。将至试所，时象气壮，见有群象，于莲花池食莲花根。见已欲发，奔逐牸象，遂至深林。时王冠服，悉皆堕落，坏衣破身，出血牵发。王时眩瞑，自惟必死，极怀恐怖，即问象师："吾宁当有余命不耶？"散阇白王："林中诸树，有可捉者，愿王搏捉，乃可得全。"王搏树枝，象去王堕，下树坐地。自视无复衣冠，身体伤破，生大苦恼。迷闷出林，不知从者所在。象师小前，捉树得住。还求见王，愁恼独坐。象师叩头白王："愿王莫大忧苦，此象正尔淫心当息，厌恶秽草，不甘浊水，思宫清静，肥美饮食，如是自还。"王即告曰："吾今不复思汝及象。以此象故，几失吾命。"尔时群臣，咸各生念，谓王已为狂象所害，寻路推求处处，或得天冠衣服，或见落血，遂乃见王，驾乘余象，还来入城。城中人民，悉见大王受如是苦，莫不忧恼。尔时狂象，在野泽中，食诸恶草，饮浊秽水，淫欲意息。即思王宫清凉甘膳，行如疾风，诣本止处。象师见已，往白王言："大王当知先所失象，今还来至，愿王视之。"王言："我不须汝，亦不须象。"散阇启王："王若不须我及象者，惟愿观我调象之方。"王即使于平坦地数置坐处。时国中人，闻此象师欲示王调象之法，普皆云集。时王出宫，大众导从，诣座而坐。象师散阇，将象至会，寻使工师，作七铁丸，烧令极赤。作已念言，象吞此丸，决定当死，王后或悔，白言："大王，此白象宝，惟转轮王乃得之耳，今有小过，不应丧失。"王告之言："象若不调，不应令吾乘之……今不须汝，亦不须象。"象师又言："虽不须我，象甚可惜。"王怒隆盛，告言远去。散阇起已，泣泪而言："王无亲疏，其心如毒，诈出甜言。"时会大小，闻已堕泪，谛视于象。象师即便作相告象：吞此铁丸，若不吞者，当以铁钩研裂汝脑。象知其心，即自思惟，我宁吞此铁丸而死，实不堪被铁钩死。如人俱死，宁受绞死不乐烧杀。屈膝向王，垂泪望救。王意怒盛，睹已余视。散阇告象："汝今何以不吞此丸？"时象回顾，念是众中，乃无有能救我命者！以手取丸，置口吞之，入腹焦烂，直过而死。如金刚杵打玻璃山，铁丸堕地，犹故赤热。时会见已，莫不悲泣。……

上面所引原文是根据后秦鸠摩罗什翻译的《大庄严论》第九卷所载。通过这篇叙述可以体验到大乘佛教本生谭的文学富有现实主义的因素。使我们感动的是这样一篇文学作品，是如何能入情入理地把丰富的反抗封建统治者的感情，用冷静的客观手法一步接一步地使读者激发起反对专横残暴的大光明王的正义的感情！它是如何善于刻画形象、组织故事和交代关键！这个故事，正如一切本生谭所具备的大乘佛教的舍身行善的特点一样，最后是"入腹焦烂，直过而死"的悲惨的结局。文章刻画了白象的天真，封建统治者的恼羞成怒，象师为了拯救无辜的白象见义勇为地大胆向王申诉的情况。

对于这样一个内容复杂的故事，仅仅用一个画面来描写并非很容易的事。现在看一看克孜尔第14窟和69窟所描写的大光明王本生故事的壁画吧，这里壁画的作者选择了国王与白象故事的主人翁和它们所造成悲剧的关键：就是白象在出奔到森林中的危险的一刹那，也就是佛经上的："时王冠服，悉皆堕落，坏衣破身，出血牵发。王时眩暗，自惟必死，极怀恐怖，即问象师：吾宁当有余命不耶？散阇白王：林中诸树，有可捉者，愿王搏捉，乃可得全。王搏树枝，象去王堕，下树坐地。"从画面上我们可以看到，王在"生死关头"拼命地"搏树枝"的瞬间。同时也可以看到"时王冠服，悉皆堕落"的上身半裸的身体和这个结实气壮的象无遮无挡地直奔前去的故事紧张的阶段。第69窟的上面是描写大光明王用双手紧握树干，当时飘拂在王身上的巾带和低头举足勇往直前奔跑着的象。这种具有丰富的概括能力和现实主义因素的壁画艺术上的成就，普遍地显示在新疆石窟壁画的各个方面。

发展时期的洞窟为数较多，其壁画作风又可分前后两个阶段。前段壁画的特点，在笔触运用与色彩的烘染上，较早期壁画更为纯熟。这一阶段所用的颜色，除青、绿外，还增加了一种像灰砂一样鲜明的朱红色，它们用于烘染和肉体曲线的勾勒，如80窟、178窟、189窟等就是如此。后一阶段的壁画，大约在8世纪左右，

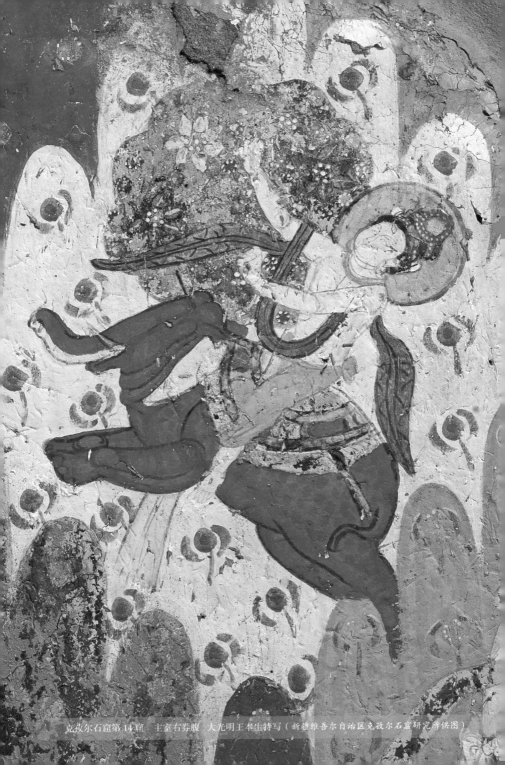

克孜尔石窟第14窟 主室右券腹 大光明王本生特写（新疆维吾尔自治区克孜尔石窟研究所供图）

克孜尔石窟第 14 窟　本生故事（柴剑虹供图）

如 38 窟、99 窟、118 窟等，壁画的风格具有极显著的唐代风味，可能是受到唐代艺术作风的影响。

变化时期的代表窟举例：

甲、第69窟

克孜尔第 69 窟是画家韩乐然在 1946 年 6 月所发现的洞窟。这个洞的外面，原来有一个方形的前室，窟顶作覆斗形，现在已几乎全部崩毁，仅留前室的半个壁。从残留的壁画作风看来，作画的时代显然较第 69 窟本窟为晚，可能在 8 世纪左右。

关于发现这个洞的详细情况，由于韩乐然在 1947 年第二次自新疆返回时因飞机失事而殒命，所有记载亦随之焚毁，无从查考了。但当韩乐然在 1946 年秋第一次自新疆东返时，曾过敦煌莫高窟从事一个月的临画工作，当时他曾和我谈到发现 69 窟的情况。他说："69 窟的前室几乎已全部为沙土埋没，当时为了要知道 69 窟前室部分壁画，在取沙的过程中就发现一个用木板和土块堵塞着的复壁，打开后，发现里面还有一个保存完好的洞窟。"

据我们调查时向居住在克孜尔千佛洞的居民了解，这个洞窟由于封闭的年代太久，一旦暴露在夏季炽热的气候中，开启不久即出现穹顶脱落的现象，遭受了一些损失。但应该特别指出的是，这是克孜尔，也是全新疆地区内石窟中唯一幸免于外国考察队盗窃毁损的洞窟，而且一切石窟内部资料也未曾在任何地方发表过。这些资料是非常宝贵的。

这个属于西域式的中型石窟，可以看出前室是一个方形窟，残破的藻井上，还可以看到斗四式的建筑式样。69号窟窟岩是青砂岩，因为年代久远，现在已风化，石质松脆得像沙土似的，几乎一触就向下溃散。尤其是窟顶佛本生故事画。它不像其他洞窟一般是在地壁墁上一层灰土后，表面再画壁画，用肉眼观察好像只涂了一层极为淡薄的胶质，壁画开始就描绘在上面。因此画面极为朴质，没有像在白灰底子上的壁画那样厚实。这就使我们不能不怀疑是湿壁画画的问题。经过仔细地观察认为这样的判断是十分可能的。可以试看69窟窟顶用湿壁画的方法直接画在砂岩上的两个画面。上一幅是须达拿太子本生故事的须达拿的妻子肩负小孩，赤裸着的肥胖身体是采用水墨烘染出来的。下一幅是用浓淡不同的水墨一笔勾出来的两只鹿的白描。有些地方，作者也利用粉色，如在比较明亮的水和手臂等部位，但其中绝大部分，画家是利用青砂岩壁，不施灰土直接画上去的。在这个修建于8世纪左右的中国石窟壁画中，我是第一次看到中国壁画所没有看见过的水彩透明的紫色、青色、草绿、土红、白、黑在青灰砂石上这样美丽典雅、调和的感觉。从这个洞窟壁画的处理方法上，我们还可以清楚地看到画家用水分晕散开来的、属于湿壁画的烘染法。直接画在砂岩上的土红的线条或黑色线条又是如此的遒劲有力。在构图方面，69窟的特点，是用直线来作菱形的分界线，这就与印度阿旃陀第 17 窟壁画以直线主体形分隔各个不同题材的本生故事画的办法不但类似，而且由于人物和树木的参差点缀，它们使菱形的呆板格子消失了单调的感觉。因此整个窟顶形成了一整幅结构紧凑、内容丰富的大画面，显得异常精彩。

与早期的第 17 窟不同，这里的每幅佛本生故事画的人物不但动作活泼，而且表情生动。如穹顶右壁就包括下列四个本生故事：

1. 睒子本生故事

2. 乌雅格里本生故事

3. 未详

4. 相思鸟本生故事

第一幅睒子本生故事，内容是说睒子至孝，其父母年迈且双目失明，欲入山修行。睒子随同入山照顾供养，以泉水为饮，以野果为食。父母劝诫勿在山中惊动野兽，睒子每出必披鹿皮。一日，睒子身披鹿皮正在池边汲水，遇迦夷国王入山射猎，误以为鹿，箭中胸死。临终，睒子念念以盲父母无人供养为怀，国王感动欲以身代为供养，急急到盲父母处报信。盲父母在国王引导下至睒子尸旁，痛不欲生，乃祈神拔箭，复得天神灵药救济，睒子死而复苏，其父母也因欢喜双目复明。在壁画中画家选择迦夷国王张弓欲射手持陶瓶在池边汲水的睒子，即故事画的主人安置在画幅的最前面。人体的比例也比较大，在粉绿色的水面上，睒子以右手持尖底的陶瓶在安详地取水，后面是比例较小的远处骑在马上的迦夷国王，正在贯注全身精力，左手扳弓，右手拉弦，箭头正要射出的时刻。我们可以看到眯着眼睛在瞄准的迦夷国王的表情，也可以看到正在注意水瓶的睒子的两只眼睛以及马的雄姿和水的波纹。这许多细节大大增强了故事的说服力和现实的感觉。

另一幅是夫妇本生故事。故事全文载《本缘经》上卷，《生经》卷五、《佛说夫妇经》卷五十四。故事内容节录于后：

> 有一梵志，妇名莲华，端正殊好，面颜殊妙，色像第一，于世稀有，名德难及。其梵志有一婢使，而亲近之。顺敬于婢，不肯慕敬莲华之妇，不喜见之，反用婢语将妇出舍。至于山间，上优昙钵树，择诸熟果取而食之。弃诸生果而用于妇。其妇问曰：君何故独啖熟果，生者弃下，而相持与？其夫答曰：欲得熟者何不上树而自取之？其妇答曰：卿不与我，我不能得，当从夫命。妇即上树。夫见妇上树，寻时下树，以诸荆棘，遮树四面，欲使不下，置在树上，舍之而去。欲令便死。于时国王与诸大臣，共行游猎。过彼树下，见其女人，端正殊好……世所稀有。即问女人：卿为何人，为所从来？其妇为其国王说所变故。王见女人，女相具足，无有众瑕，心自念言：其彼梵志，愚骏无智，非是丈夫，而不敬憙于此女人。除棘载去，至其宫内，立为王后。其后智慧辩才难及，

互用樗蒲及以六博书疏通利。远近女人，来共博戏；王后辄胜，无能当者。于时梵志，遥闻彼王有后，端正工于博戏，其有来者，王后得胜，无不归伏，莫能胜者。心自念言，且是我前妇，非是异人。其我前妇，博戏第一。又彼梵志亦工博戏，欲诣王现其技术。时王后闻一梵志形象如此及其颜貌长短好丑。心即念言，是我前夫。于时梵志，诣王宫门。王即见之，遥试博戏。传人名齿。于是梵志以偈颂曰：

发好长八尺　　其眉若如画

柔软上第一　　当念熟果瓜

于是王后以偈答曰：

诣闲居龙处　　龙象常所邀

于彼相娱乐　　当念熟果瓜

王后以偈答梵志曰：

独自啖熟果　　生者弃于我

是吾宿因缘　　梵志所劫取

克孜尔石窟第69窟　主室券顶　夫妇本生（新疆维吾尔自治区克孜尔石窟研究所供图）

于时梵志，心中怀恨，即自克责，悔无所及。

　　这一个本生故事的内容，主要是说国王即佛的前生行善。但其字里行间又都充分反映了封建统治时代被欺压的妇女的遭遇，证明了莲华姑娘用偈语驳倒了自私自利的梵志的智慧。这里，第69窟壁画的作者，选择了莲华自果树下来后，卧倒在地上以羞愧和愤恨的表情注视地上。另一方面国王初见莲华惊其貌美，但又不敢逼视，正在闲望果树的一刹那。这里，我们可以看到倚卧在地上的莲华的姿态和她脸部俊秀的还带着余怒未了的表情，国王仰望昙钵树而不知所措的神态。再仔细看一看那棵从右侧而伸向左侧的昙钵树，它的倾斜使画面结构由丁字形变为三角形的安排，衣褶和人体线描的生动有力，在在都显示出画家高超的艺术才能。

　　第69窟壁画与一般西域式穹顶洞窟壁画布置所不同的，是在入门上方说法图的下面画了一群供养者的群像。从供养人的服饰上可以看出，其中有龟兹国国王和王后以及比丘的画像。比较特别的是这个比丘的右手和王、王后的头光上还显然地可以看出古龟兹文字的题记。他们的服饰，国王戴了一顶锦帽，锦衣宝带。这正和《新唐书·西域传》中所载相合："惟君不剪发……王以锦冒顶，锦袍、宝带。"跪在旁边的王后着以毡罽制成的紧身马甲，也符合《通典》"焉耆"条"妇人衣襦，着大袴"的记载。这些都为西域民族生活史增加了宝贵的资料。

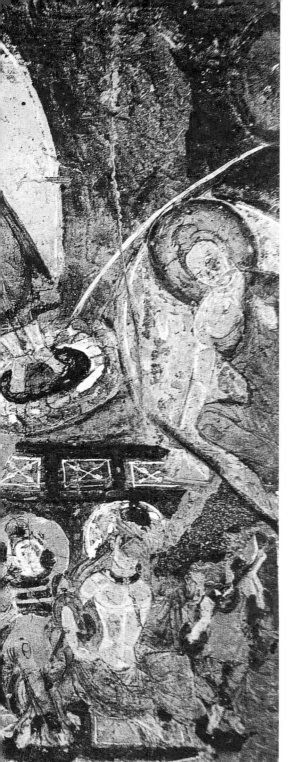

克孜尔石窟第175窟　右甬道内侧壁　耕作图（新疆维吾尔自治区克孜尔石窟研究所供图）

乙、第175窟

比第 69 窟洞窟壁画绘制时代更迟一点的是第 175 窟。

第 175 窟也属于小型的西域窟，中央龛壁上面全作自上而下、向龛中央集中飞翔的飞天及伎乐飞天。全窟壁画作风比较突出的是所有人物均以鲜红的朱色勾勒及烘染，颊下均染红色。右甬道中央龛壁上，画一坐佛，周围三圈画轮回果报的壁画，每个故事画之间均有立佛分隔。这里大半已为烟熏黑，但还可以认出几幅有趣的壁画。一幅是两手持宽刃镢的农民正在耕作,据新疆农民称,这和他们所采用的自古传到现在的砍土镘非常相似。还有一幅是如今称为"二牛抬杠"的耕作图，非常形象地反映了当时的耕作情况，尤其是所用的犁，犁铧宽大呈三角形，与我国古代内地的牛耕图也相类似。另有一幅是"舞师女作比丘缘"，图中刻画了坐在宝座上的王，在音乐与舞蹈的节拍中，正在聚精会神地双手击拍，右侧一个载歌载舞的女子，其肉体的色彩非常鲜丽动人，她正在轻佻地把一只脚搁在王的膝上，作挑逗状。这幅壁画，与勒柯克于 1907 年在克孜尔窃取以《王观裸女歌舞图》著称的壁画，是同一个粉本。由此证明，克孜尔同一题材的壁画还是不少的。

丙、第219窟

第219窟[①] 位于克孜尔的后山，是一个中型西域式洞窟。这个洞窟因德国勒柯克和格伦威德尔在 1904 年从此盗去《阿阇世王沐浴图》《佛毗荼》《分舍利》诸代表作而出名。格伦威德尔把这个洞子定名为"摩耶洞"（Maya-Höhle）。《阿阇世王沐浴图》描写的是释迦入涅槃时，其父阿阇世王正坐于奶油缸中，行奶油洗礼，无人敢以佛陀死耗直接告知，家人设法请画家把佛传主要部分如"诞生""降魔""鹿野苑说法""涅槃"四个重要节段，描绘在画布上，呈现在阿阇世王之前。阿阇世王看见这幅画，知道太子的死耗，悲痛欲绝。这幅画构图缜密，可称作精工的白描。《佛毗荼》是描写成殓正在盖棺举行毗荼（火化）之前，佛弟子向安静倚卧的佛陀尸身投射最后一眼时的情况。图中可以看见四个比丘和四个菩萨，正在两手合十行庄严的唁礼。《分舍利》是佛陀焚化后其骨灰在拘尸那城均分时的情况。图中描写拘尸那城城门紧闭，由八个全副甲胄的战士守卫。城上左右各四人，手持舍利容器面向中央。中央原有分舍利的婆罗门，但已在勒柯克等剥离盗窃时毁损。敦煌莫高窟涅槃经壁画中有分舍利图，但多半采取战争抢夺的场面。而克孜尔这幅画，对武士的弓箭、盔甲、服饰、马和马的鞍銮等的刻画都极为详尽。线描的刻画和用色的鲜明有力，均可视为克孜尔中期壁画中之杰作。这个洞窟壁画的特点是线描精确，颜色鲜艳，特别是烘染颜面及裸出衣服外的手足肉体部分，全部

---

① 校者按：此窟号有误，此窟应为第205窟。

是以朱砂烘染出来的红色，历千数百年至今鲜艳如新。人物丰满圆实，颇有盛唐风味。如今这个洞窟的主壁的说法图，已全被剥去，窟顶也几乎全部崩毁，现在存留的少许壁画，敞露在风雨及烈日的曝晒中。在甬道奥壁，几乎全为格伦威德尔剥去。右甬道龛壁中为拘尸那城，两旁尚残留保卫拘尸那城的骑士各一，曾经格伦威德尔企图剥取而未能成功，全画受到创伤。但残留壁画的雄健有力的线条和英雄姿态,仍屹然而立。背后涅槃壁画已全部被剥去，壁上还残留有飞天，亦极为生动活泼。右壁有已被剥毁的散花天女，姿态生动而美丽，惜头部亦已被剥去。北窟残存壁画中的朱砂、石绿、石青三色极为鲜艳夺目，勒柯克在他们报告中称扬这个洞子的时候说：比金子还要贵重的颜色！

丁、第111窟

克孜尔第 111 窟 [①] 是一个穹顶方形的中型石窟，中央没有龛及奥壁，四壁方整，仅入口处左右各有一小龛。穹顶绘菱形说法图，无供养人或菩萨，只有鸟兽配置其间。入口上方半圆形壁体是说法图式，中央坐交脚弥勒，左右各有坐菩萨四身。左右及中央壁全部绘乔答摩太子行传图，即佛传图。每壁分上中下三横列，每列又分七方图，每壁合计 21 幅，三壁共计 63 幅，惜大部分已

---

① 见勒柯克：《中亚细亚佛教艺术图谱》第三册。校者按：此窟号似有误，此应为110 窟。

克孜尔石窟第 110 窟　主室左壁全景（新疆维吾尔自治区克孜尔石窟研究所供图）

被勒柯克等盗去或盗毁①。勒柯克称此窟为台阶窟(Tkepp Höhle)，因此窟在中央小谷的高处，距地面较高，窟前有台阶可直上，故名台阶洞。窟中全部精美的壁画经过勒柯克摧残后，精华已不可见，仅可辨出来的自左至右是：

左壁 第一列 第一、二、三、四、五，五幅被勒柯克盗去

第二列 第四幅为宫女入梦

第三列 第五幅为乔答摩太子乘马出宫

中壁 第四幅为娱乐太子

右壁 第一列 第一、二、三、四、五、六、七，七幅为勒柯克盗去

第三列 第七幅亦即第六十三幅最末一幅，为涅槃

中国石窟艺术有关佛传故事的壁画和雕塑均不多，新疆全部石窟中据作者所见唯此窟一窟。窟中每一个故事都是严整紧凑地构成一幅图画。我们从此窟的乔答摩太子出宫图可以看出它那谨严的描绘笔触和立体烘染技术，不愧是 8 世纪前后克孜尔艺术全

---

① 见格伦威德尔：《古库车与勒氏的中亚佛教艺术》。

盛时期的代表作。

戊、第114窟

第114窟与克孜尔第7窟相似，属于克孜尔中期，是写大乘教本生故事画最多的一个洞窟。窟型为西域式中型洞窟。部分穹顶本生故事画已于1904年为德人格伦威德尔所盗去。当作者1953年实地勘察时，此窟尚留存格伦威德尔等在此大举剥取窟顶壁画时用以攀登的木架椽子二根。半个世纪过去了，目睹帝国主义者用刀斧剥取的斑斑伤痕的情况，委实令人痛心！根据格伦威德尔与勒柯克等盗取材料而发表的图书上 [1] 观察，第114窟本生故事画中包括《贤愚经》的下列33种：

01. 修楼婆王本生（《大正藏》，第四卷第394页A，《梵天请问六事品》）

02. 虔阇尼婆梨王本生（同上，第四卷第394页B）

03. 毗楞竭梨王本生（同上，第四卷第350页A）

04. 昙摩钳太子本生（同上，第四卷第350页C）

---

[1] 见格伦威德尔：《古库车与勒氏的中亚佛教艺术》。

05. 郁多罗仙人本生（同上，第四卷第 351 页 B）

06. 尸毗王本生（同上，第四卷第 351 页）

07. 摩诃萨埵王子本生（同上，第四卷第 352 页 B）

08. 须阇提太子本生（同上，第四卷第 356 页 B）

09. 羼提波梨仙人本生（同上，第四卷第 359 页 C）

10. 慈力王本生（同上，第四卷第 360 页 B）

11. 惠光王本生（同上，第四卷第 363 页）

12. 株杌（多罗睺施）王子本生（同上，第四卷第 364 页 B）

13. 锯陀兽本生（同上，第四卷第 366 页 B）

14. 婆塞奇王本生（同上，第四卷第 368 页 C）

15. 担蛇人本生（同上，第四卷第 369 页 B）

16. 牟尼女本生（同上，第四卷第 371 页 B）

17. 大光明王本生（同上，第四卷第 372 页 A）

18. 散檀宁长者本生（同上，第四卷第 386 页 C）

19. 月光王本生（同上，第四卷第 388 页 B）

20. 快目王本生（同上，第四卷第 390 页 C）

21. 萨缚主本生（同上，第四卷第 393 页 B）

22. 设头罗健宁王本生（同上，第四卷第 402 页 A）

23. 盖事王本生（同上，第四卷第 402 页 C）

24. 大施本生（同上，第四卷第 405 页 A）

25. 善事太子本生（同上，第四卷第 410 页 A）

26. 提婆合奴王本生（同上，第四卷第 415 页 B）

27. 善求商主本生（同上，第四卷第 416 页 B）

28. 大光明王本生（同上，第四卷第 421 页 B）

29. 勒那阇耶本生（同上，第四卷第 422 页 A）

30. 须陀素弥王本生（同上，第四卷第 425 页 A）

31. 端正王本生（同上，第四卷第 428 页 B）

32. 坚誓狮子本生（同上，第四卷第 438 页 A）

33. 慈心本生（同上，第四卷第 439 页 B）

除上述属于《贤愚经》的本生故事外,属于《六度集经》的还有：

01. 波耶王本生（《大正藏》，第三卷第 6 页 A）

02. 狮子王本生（同上，第三卷第 70 页 A）

03. 须达拿太子本生（同上，第四卷第 7 页 A）

04. 猕猴王深坑救母（同上，第四卷第 450 页 B）

05. 睒子本生（同上，第三卷第 24 页 B）

06. 猕猴王引身作渡桥本生（同上，第三卷第 23 页 B）

07. 乌雅格利王本生（同上，第三卷第 2 页 B）

08. 陷人以怨报德（同上，第三卷第 27 页 A）

09. 鸽本生（同上，第二十五卷第 136 页 A）

10. 慕魄太子本生（同上，第三卷第 20 页 B）

但是这个被格伦威德尔称为"小谷洞"（Schlucht Höhle）的穿顶壁画，因为剥取时的摧残损毁，至今从发表的复制品上看，现在能认出的本生故事画，只有波耶王本生等二十三种了。

其中第一组本生故事画，共计二十一个本生故事：

01. 乌雅格利本生

02. 尸毗王本生

03. 羼提婆梨仙人本生

04. 虚空净王本生

05 ～ 06. 未详

07. 大光明王本生

08. 萨埵那太子本生

09 ~ 11. 未详

12. 修楼婆王本生

13. 月光王本生

14. 设头罗健宁王本生

15. 阿梨那密多本生

16 ~ 17. 未详

18. 陷人以怨报德本生

19. 未详

20. 快目王本生

21. 大施抒海本生

第二组本生故事画，共计本生故事二十二种：

01 ~ 02. 未详

03. 善事太子本生

04. 未详

05. 波耶王本生

06 ~ 07. 未详

08. 萨缚主本生

09. 担蛇人本生

10. 狮子王本生

11. 未详

12. 须达拿本生

13. 猕猴王深坑救母本生

14. 睒子本生

15. 檀腻鞊婆罗门本生

16～19. 未详

20. 猕猴王以身作渡桥本生

21. 未详

22. 富那奇长者本生

　　从上述第 114 窟本生故事画丰富的主题内容和表现形式，可以看出古代艺术家用民族绘画风格现实而生动地刻画出了古代东方人民的思想感情，其技巧是十分卓绝的。

　　总的说来，克孜尔中期壁画，正代表了新疆石窟艺术发展的高潮，也是中国民族艺术传统，在吸收外来影响后现实主义艺术的新成就。这个时期壁画造型的特色，是从曹不兴式的线的艺术在人体刻画上发展为主题的形的烘染，敢于大胆地在人体肉身的阴影部分采用鲜艳的赭红色。如被勒柯克称为"摩耶洞"的克孜尔第 219 窟中的壁画《阿阇世王故事图》，图中画阿阇世王正在行奶油浴坐在油盆中，无人敢告诉释迦牟尼死耗的悲痛情况的描写，另一幅供养人和比丘像的鲜艳色彩，遒劲有力的线描；在烘染方

克孜尔石窟第 67 窟　主室内景（新疆维吾尔自治区克孜尔石窟研究所供图）

毛为装饰，接近圆顶处有头向下的裸体飞天，各个手持花环，姿态优美。因此，格伦威德尔发现此窟极为兴奋，虽在比较不容易下手的圆顶上，仍千方百计地剥离而去，并特地命名此洞为"孔雀洞"（Pfauen Höhle），至今窟顶下半截的孔雀羽毛尚残存六枝，其他已悉被盗走。此窟用色富丽，青、碧、赤、金各色，呈现金碧相映的唐代艺术盛世的光辉。此窟还有两幅著名的壁画，是描写释迦牟尼成佛前攻破外道魔王的所谓"降魔"的两个场面。敦煌出土的有关佛教的变文中，有两卷分别为伯希和、斯坦因盗去，其中有头有尾最为完整的，是现存巴黎法国国立图书馆的编号为"伯2187号"的《破魔变文》。这卷变文，根据卷尾题记是五代天福九年（944）居净土寺释门法律沙门愿荣抄写的。这个变文与克孜尔孔雀洞壁画制作年代是比较接近的。为了更好地理解孔雀洞降魔变壁画的成就，现在将上述《破魔变文》有关的几个段落节录在下面：

　　我佛当日为度众生，弃舍王宫，雪山修道。今经六载苦修行，四至周圆。当腊月八日之晨，下山于熙莲河沐浴，洗多年之腻体，证紫磨之金身。出清净之爱河，遇吉祥之长者。广铺草座，供养殷勤；牧女献乳于此时，四王捧钵于是日。才登座上，震动魔宫。魔王当尔之时，道何言语：

　　苦行山中经六年，四至周圆道果坚。

　　下山欲救众生苦，洗浊垢腻在熙莲。

才出河来逢长者，广铺草座结良缘。

牧女献乳亲供养，四王捧钵到河边。

才坐定，震天宫，故知圣力遍无穷。

魔王登时观下界，才知如来在世中。

于是魔王即观下界……惟见我阎浮提净饭大王悉达太子成登正觉之时。魔王口中思维道："若是交他化度众生，我等门徒，于投佛里，不如见机先集徒众，点检魔宫，恼乱瞿昙，不交出世。"魔王当时道何言语：

魔王忿怒在逡巡，广点妖邪之鬼神。

睹见如来今出世，雄心巨耐便生嗔。

不了自家邪神侣，擎山覆海灭金人。

处分鬼神齐用命，损将如来畅我身。

于是魔王击一口金钟，集百万之徒党。当时差马头罗刹哲为游弈将军，捷疾夜叉保作先锋大将，鸠槃咤鬼排戈戟以前行，毗舍奢神领甲兵而后拥，召阿修罗军众为突将，则怒目扬睛；舍毗胁多神后随，而乃乍嗔乍喜。更有夜叉虞候，罗刹都巡，并剑戟牙，利毛铜爪手持铁棒，腰带赤蛇，驱精魅以前行，魍魉鬼神在后，阎罗王为都统，总管诸军，五道大神兼押衙大将，又知斩斫。唤风伯雨师作一营，呼行病鬼王别作一队。妖婆万众，有耳不闻；器械千般，何曾眼见。然后辟两阵，分四厢，左绕右遮，前驱后截。用忽雷为战鼓，披闪雷作朱旗，纵猛风以前盈，勒毒龙而向后。……更有飞天之鬼，未其形，或五眼六牙，三身八臂，四肩七耳，九口十头，黄发赤髭，头尖额阔。……摇动日月，震撼乾坤……魔王自领军众，来自林中。先铺瑷𤥯之云，后降泼墨之雨。……强风忽起，拔树吹沙，天地既不辨东西，昏暗岂知南北。一时号令，便下天来，逡速之间，直至菩提树下。

点检邪魔百万般，拟捉如来似等闲。

军前号令诸神鬼，瞿昙未死不归还。

魔王自为都元帅，总管诸军依指挥。

瑷𤥯之云空里布，泼下黑雾似墨池。

雨点若着如中箭，雹子逢人似连锤。

山岳擎来安掌里，江河捻来直下倾。

空里闹，世间惊，号令惟闻唱煞声。

红旗卷处残霞起，皂纛悬处碧云飞。

鬼神云里皆勇猛，魔王时时又震威。

围绕佛身千万匝，拟捉如来畅奴情。

……

魔王神变总骋了，不能动摇我如来。

宝剑才挥刃即亡，弓欲张而弦即断。

擎山撮海骋神通，方梁桄木遍虚空。

拟害如来三界主，恰似落叶遇秋风。

魔王自为都元帅，怕急潜身无处容。

遂向军前亲号令，火急抽兵却回宫。

不念自是邪神类，比并天中大世尊。

罗汉虽然是小圣，力敌天魔万万重。

鬼神类，万千般，变化如来气力滩。

任你前头多变化，如来不动一毫端。

　　魔王见此阵势似输，且还抽军，回归天上。不察自家力劣，辄拟恼害如来，忿怒之情，尚犹未息。然后端居正殿，反据香床，扼腕扬眉，铺唇巨耐。魔王有其三女，忽见父王不乐，遂即向前启白大王：

近日恰似改形容，何故忧其情不乐？

为复诸天相恼乱？为复宫中有不安？

为复忧其国境事？为复忧念诸女身？

惟愿父王有慈愍，如今为女说来由。

父王道云云：

不是忧念诸女身，汝等自然已长成。

也不忧其国境事，天宫快乐更何忧。

吾缘净饭悉达多，近日已于成正觉。

叵耐见伊今出世，应恐化尽我门徒。

若使交他教化时，化尽门徒诸弟子。

我即如今设何计，除灭不交出世间。

于是三女遂即进步向前，谐白父王：

瞿昙少小在深宫，色境欢娱争断得？

况是后生身美貌，正是贪欢逐乐时。

我今齐愿下阎浮，恼乱不交令证果。

必使见伊心退后，不成无上大菩提。

魔王闻说斯计，欢喜非常。库内绫罗，任奴妆束。侧抽蝉鬓，斜插凤钗，身挂绮罗，臂缠璎珞。东邻美女，实是不如；南国娉人，酌然不及。玉貌似雪，徒夸洛浦之容；朱脸如花，漫说巫山之貌。行风行雨，倾国倾城。人漂五色之衣，日照三珠之服。仙娥从后，持宝盖以后随；织女引前，扇香风以塞路。召六宫彩女，发在左边；命一国夫人，分居右面。直从上界，来到佛前，歌舞齐施，管弦竞奏。云云：

论情实是绮罗人，若说仪容独超春。

身挂天官三珠服，足蹑巫山一行云。

魔王三女在这种情况下来到佛陀面前，进行百般诱惑，发出自己吹嘘的高调。如第二女说："奴家爱着绮罗裳，不熏沉麝自然香。我舍慈亲来下界，誓将纤手扫金床。"第三女说："阿奴身年十五春，恰似芙蓉出水滨。帝释梵王频来问，父母嫌卑不许人。见君文武并皆全，六艺三端又超群。我舍慈亲来下界，不要将身作师僧。"最后，"世尊垂金色臂，指魔女身，三个一时化作老母。且眼如珠盏，面似火曹，额阔头尖，胸高鼻曲，发黄齿黑，眉白口青，面皱如皮裹骷髅，项长似筋头锤子，浑身锦绣，变成两幅布裙，头上梳钗，变作一团乱蛇。三个相看，面无颜色"。苦苦哀求释迦恢复她们的本来面目，感谢后才逃回去禀明波旬王。一场降魔变的斗法从此结束。

这里用敦煌第 428 窟 5 世纪北魏画家的降魔变，与克孜尔第 76 窟被勒柯克盗去的 8 世纪左右的西域人画的降魔变并列互相比较，可以看出克孜尔壁画刻画三魔女的形象比较生动有力。图中描写第三女上场，差不多是赤身裸体的，似乎在向释迦陈说："阿奴身年十五春，恰似芙蓉出水滨……"为了强调释迦神力，就在与三女相对称的地方画了三个"面皱如皮裹骷髅，项长似筋头锤子"的丑女子。这幅降魔变的主题内容，却和敦煌第428窟北魏降魔变有所不同。在克孜尔的壁画中，重点地表现了轻佻的魔女的美人计，敦煌第428窟的降魔变同时还突出地表现了其他妖魔向释迦的进攻，宗教意味似乎比克孜尔第76窟要浓重。今天看来，克孜尔8世纪左右的壁画，是具有更多的地方色彩和现实主义因素的。

这个时期洞窟壁画用色的富丽与线描的流利畅达，已臻完美的地步。拿第189窟为例，这个在悬崖上不易上去的洞窟，我们用四丈高的单梯攀登的。洞窟原是一个精舍，大约是在8世纪左右又经过改建的。因为洞向朝北，所以晒不进太阳。我们在平顶方形的洞窟壁画上看到许多颜色鲜美如新的壁画，一点也没有受到损坏，可惜的是除开被盗窃外还因起甲而崩毁的壁画，纷纷落在地面上。一幅制作精美的大型说法图，大部分已被盗窃剥离，从墙角边残留的壁画可以看到用孔雀绿与鲜红两个对比色画出来的穿龟兹服装的供养人与供养菩萨像。这个时期，一般西域式窟穹顶上的菱形佛本生故事画，已经没有早期西域式窟那样丰富的内容，往往用千篇一律的佛说法图来代替各式各样的本生故事画。

大乘佛教艺术在古龟兹国的发展的情况可能以鸠摩罗什自4世纪的70年代自罽宾游学回龟兹后，一直到6世纪末达摩笈多于

585 年自锡兰去中国、经过龟兹为国王坚留时的这一时期。因为鸠摩罗什和达摩笈多都是笃信大乘佛教的，而当时的龟兹国王也是笃信大乘佛教的。所以，克孜尔艺术在这二三百年间的发展非常显著。唐初，这种情况有了改变，大乘佛教的发展已接近低潮。但佛教艺术的发展并没有受到显著的影响。从克孜尔壁画的作风来看，7 世纪以后，绘画作风显然受到唐代艺术的影响。这时候，唐代圆润光滑的线条和丰硕的人物形象，也逐渐从 7 世纪以后的壁画中发现。例如克孜尔第 38 窟的画，是受唐代画风影响比较显著的洞窟。这个洞窟的壁画，第一图是供养伎乐，壁画有圆润遒劲的线条和鲜艳辉煌的颜色，全画给予我们的印象与敦煌盛唐壁画有共通的地方。第二幅是供养菩萨像，菩萨作半裸体状，线条流畅，略施烘染，极尽描写之能事。第三图和第四图是在菱形装饰线上的本生故事画，第三图是猕猴王因当年天气干旱，果树甚少，不能得食，猴王越水到邻国果园去偷食，后来为看守人看到要围搏时，猕猴王为了拯救小猕猴，纵身跳过对岸，紧握树干，要所有猕猴从它身上渡过去。最后猴王因体力不胜而堕入水中，为看园人所获。第四幅是善友自海中取宝出来的顷刻。这两幅本生故事画，都以简练的布局与着重的描写得到了恰到好处的成功。猕猴王本身，手足攀着两岸的树干还回过头来照顾小猕猴过渡，而小猕猴又表现得如此胆小地在战战兢兢渡桥时的情况。下面是一个半跪的园丁，正在瞄准向猴王引箭待发的神情。这两幅本生故事画的成就，在于它在描写环境时是装饰性的手法，极其简单的，如一棵树、一条河、一个圆形就代表了海，等等。但是在描写人物时，却有极其生动的现实的刻画，如猴王本生故事中的三个猴子和一

克孜尔石窟第 189 窟　外景（新疆维吾尔自治区克孜尔石窟研究所供图）

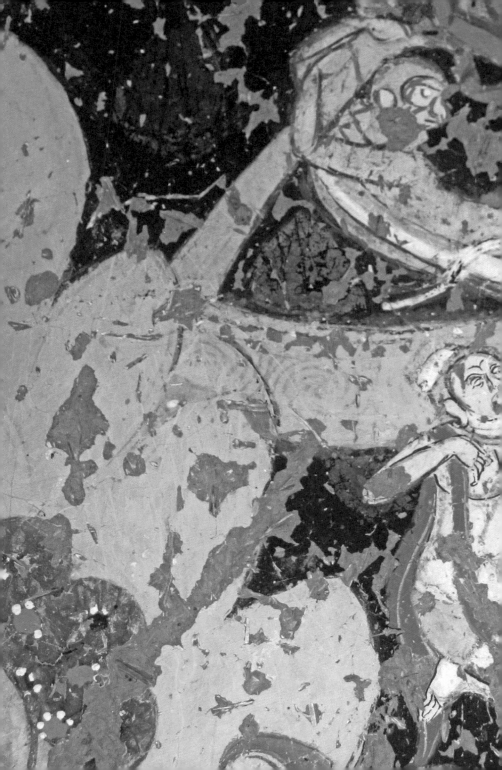

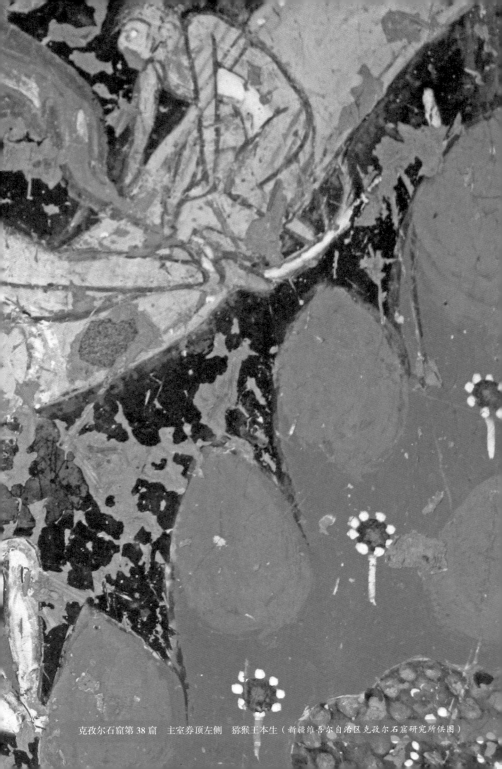

克孜尔石窟第 38 窟　主室券顶左侧　猕猴王本生（新疆维吾尔自治区克孜尔石窟研究所供图）

克孜尔石窟第 38 窟　主室侧壁　伎乐天（新疆维吾尔自治区克孜尔石窟研究所供图）

克孜尔石窟第 38 窟　主室前壁　闻法天人

（新疆维吾尔自治区克孜尔石窟研究所供图）

个正在要射箭的园丁的描写；善友本生故事中善友与恶友两个人矛盾的心理采取上下对立的形式来说明，都有力地增加了故事情节的戏剧的作用。这个洞窟的壁画，可以作为克孜尔石窟现存后期壁画的代表。

第三节　库木吐拉石窟

库木吐拉石窟在今库车县城西南约 30 公里处。由库车沿库（车）新（和）公路行 20 公里到三道桥左右离开公路，西入戈壁再行七八公里，即到渭干河河口附近的却勒塔格山沟内的库木吐拉千佛洞。渭干河从这里上溯，即称为木扎提河，沿木扎提河西行 15 公里，即到著名的克孜尔千佛洞。

对于这个有名的石窟群，历史上却缺乏明确的记载，惟清朝徐松《西域水道记》中说：

> 渭干河东流，折而南凡四十余里，经丁谷山西，山势斗绝。上有石室五所，高丈余，深二丈许，就壁凿佛像数十铺，璎珞香花，丹青斑驳。洞门西南向，中有三石楹，方径尺，隶书梵字，镂刻回环，积久剥蚀，惟辨建中二年字。又有一区是沙门题名。

库木吐拉石窟，就在山口以内西北方向约三四公里的河谷东

库木吐拉石窟　外景（霍旭初供图）

库木吐拉石窟　五连洞外景（霍旭初供图）

岸上，这里山势斗绝，河水湍急，南北蜿蜒七八百米，历落上下，石窟如蜂房、如鸽舍，最后是五大间石室。整个窟群分南北二组，北部为主要窟群所在，据 1953 年的编号，共有 72 窟。南部入山口而北有许多石窟，惟因历时既久，河水冲刷，窟多崩塌，1953 年只编号 27 窟。共计 99 窟。南北两组中央约三公里处因削壁不大，不宜开凿石窟，未见有石窟存在。

站在却勒塔格山头向西岸遥望，也可发现少数石窟，均在高崖不可攀登。但在这些石窟下面近山口处，可见一处大寺院遗址，围墙甚清晰，围墙之内可辨一大高耸的窣堵波。此外还有一些断壁颓垣，点缀其间。近年因在山口建设分水大闸，遗址却被毁坏了。与此相对的是山口东岸，也有遗址，虽非那样完整清楚，亦可想见昔日善男信女至此礼佛拜谒的繁荣景象。

从上述情况出发，很容易使人想起郦道元《水经注》引释道安《西域记》所说的雀离寺：

龟兹国北四十里，山上有寺，名雀离大清净。

玄奘《大唐西域记》亦记载：

荒城北四十余里，接山阿，隔一河水，有二伽蓝，同名昭怙厘，而东西随称。佛像庄饰，殆越人工。僧徒清肃，诚为勤励……

因此，清朝徐松在谈到上述丁谷山上五所石室后也引证了前面两段话，并说"今溯遗踪，差存仿佛"，也怀疑昭怙厘伽蓝就在库木吐拉。

上面所记的"雀离寺"和"昭怙厘伽蓝"是同一个寺名，"昭怙"的切音就是"雀"；"离""厘"同音。因此"昭怙厘"就是"雀离"。如今，在却勒塔格山南，渭干河沿岸的库车、新和、沙雅各县发现的古城遗址有数十处，其中之一为新和县的于什格提，在新和县西偏南十八公里。其城三重，城墙已毁。遗址内曾发现一枚"汉归义羌长"印，铜质，篆文卧羊钮。在此遗址东约三公里的裕勒都斯巴克亦曾出土"李崇之印信"（李崇为西汉王莽时代的西域都护）。1978年11月，我们再次去新和县调查，县政府的同志亦出示木雕坐佛一座和"常宜厉"印章一枚。因此，我颇疑于什格提遗址即汉代龟兹都城延城，亦即《大唐西域记》所记之荒城。由此向东四十里许，即到今库木吐拉千佛洞，也正与昭怙厘的方位相合。还有一城遗址在今沙雅的羊达克沁大城，城亦三重，城墙已坏，内城中有高低土阜一线，似为佛塔庙所在。此城亦可能是魏晋至隋时的龟兹都城，也可能是《大唐西域记》所记之荒城。由此向北四十里许，亦可至库木吐拉。以上两个荒城，不论哪一个为玄奘所说的荒城，都可证明今库木吐拉千佛洞即古代昭怙厘大寺。

根据这个线索，再引用梁《高僧传》卷二《鸠摩罗什传》的记载：

什在胎时，其母自觉神悟超解，有倍常日。闻雀离大
寺名德既多，又有得道之僧，即与王族贵女德行诸尼，弥
日设供，请斋听法。

鸠摩罗什于东晋明帝太宁二年（324）生于龟兹，母亲是龟兹
国王的妹妹，名耆婆，二十岁时与来自印度的鸠摩罗炎结婚。这
里所指的雀离大寺，在什母怀胎时已是"名德既多，又有得道之僧"
的，可以断言，当时还是库木吐拉石窟寺院的全盛时代，可见此
窟寺无论如何在 4 世纪以前就开创了。其创始年代与克孜尔石窟
的创始时代相同，可能在 3 世纪左右。

当我们在 1953 年调查时，看到石窟壁画的内容，从艺术作风
上来鉴别也可以肯定有几个大型洞窟与克孜尔早期洞窟一般，属
于 3 世纪左右的。

南部 27 个石窟，经调查，只有第 2、第 3、第 12、第 14、第
17、第 18、第 19、第 20 等八个窟有残留壁画。其他或为精舍，
或壁画已漫漶不清。其中 3 号窟在河东岸上，前室作摩崖大龛，
龛内似曾塑有 12 米左右的大佛像，其形制与克孜尔第 47 窟相同，
创造年代当在 3 世纪，可视为库木吐拉石窟群中最早的一个石窟。
在谷内南崖上的第 7 号窟，为一长方形大窟，窟宽 2.25 米，长 7.40
米，无壁画，似为僧侣住处，东壁北端有用土红颜色写的汉文题
记一方：

月廿四日画 诏 临寺上 □ 庙子 侯

大 德 法 明 藏 部 般 若 □ 史

题记之耳廿一画金砂寺新

　　按照题写"记之耳"的习惯，疑是元代人手笔。与此并列的，又有三行回鹘文题记，这更说明此窟群在元代称为"金砂寺"[1]。南部这组石窟残存壁画较多的为第 12 窟，内容亦较为突出，可能即勒柯克编号的第 14 窟。窟室作圆顶，左右各有一耳室，正殿为穹顶，穹形壁上作椭圆形交叉图案，甬道两侧有着西域服饰的供养人及供养比丘。

　　北部石窟为主要石窟群所在，距南部石窟群约计四公里。这里编号的 72 个石窟，据作风与洞窟形制来判断，最北的五个大窟，即徐松所记"五所石室"，1953 年我们编号为第 68 窟、第 69 窟、第 70 窟、第 71 窟和第 72 窟者，修建时代较早，可能在 3—6 世纪之间。其中第 69 窟为毗诃罗窟，其余四个为支提窟。

　　第 68 窟可能修建于 6 世纪左右，中心柱龛上有突出佛背光。

---

[1] 校者按：日本大谷探险队从库木吐拉掠去的文物中，恰有一个直径为 20.8 厘米的木盘，盘底刻着"金砂寺"三字。此木盘现藏韩国国立中央博物馆。

中心柱后背有涅槃背光。全窟已熏黑。

第 69 窟与第 68 窟修建时期相仿，大约亦在 3—6 世纪之间。全窟已熏黑。正中有内殿一，中央有突出背光，惟造像已不见。窟型及中殿极似印度阿旃陀石窟的毗诃罗。不同者，窟后壁还有个小毗诃罗窟，南北两旁无坐龛。窟的北壁腰上有古龟兹文刻石一行，古龟兹文上面又有"向明""趄□"刻字；龟兹文西有"□来□｜□间□｜"的刻字，又有"沙门日□"的题名。东壁刻有龟兹文两行，上有"惠亲、惠增、法□"等题名。正殿外南北壁上有方形类似回文刻辞的刻字，左边一方，有如清人所说汉楷轮回经：

法	佛	轮
郁		惠
常	法	转

右边一方，见有一个"卐"形石刻文。南壁还刻有"定诠""戒香"等题名。该窟外石廊顶并刻有忍冬纹和莲花，这都说明，这些石窟开凿是较早的。

库木吐拉石窟第 70 窟（新疆维吾尔自治区克孜尔石窟研究所供图）

库木吐拉石窟第71窟　主室正壁　佛坐像
（新疆维吾尔自治区克孜尔石窟研究所供图）

第 70 窟壁画已全毁，惟石廊顶上尚可辨出有与汉瓦当相当接近的卷云纹，亦证明这是库木吐拉较早的一个石窟。窟中央尚留石刻坐佛一身，头已不见，但有石刻背光。这尊佛像直接自岩石上刻出，作风古朴，应为 3—5 世纪所作。

第 71 窟，中央也是一尊石刻坐佛，无头，胸部刻凿长槽，似为安置佛头者。其式样、风格与第 70 窟石刻造像相一致，修建时间可能较 70 窟稍早，应为 3—4 世纪的作品，亦可能是库木吐拉最早期的石窟。惜壁画已全毁，残留处现出两层壁画似为 6 到 7 世纪所绘。

第 72 窟，无造像，窟型与第 71 窟相同，修建时代或稍迟于第 71 窟。

总之，以"五所石室"所代表的库木吐拉第一期石窟，其窟型多为长方纵券顶，顶后开大龛，龛左右开甬道，分为前后二室，但也有在中心柱开四面龛的。在壁画题材上，亦与克孜尔石窟首创时期和发展初期相同，即在菱形方格内画各种佛本生故事画。以画风而论，人物、鸟兽的形象遒劲细腻，笔法秀丽，有"曲铁盘丝"之妙。

库木吐拉第二期石窟，大约是 7 到 9 世纪中叶所建。这个时期的石窟形式，大部分为穹顶的西域窟，内容丰富，制作技术精美，是古龟兹石窟艺术全盛时期的作品。

如北部石窟第 24 窟（德人格伦威德尔编为第 19 窟）便是一个西域式的中型窟，修建时代可能在 7 世纪左右。

第 24 窟窟型结构：穹顶作菱形释迦说法图，窟前室左壁有说法图六铺，极为工整细致，色彩采用石青、石绿及赭黑等，穹顶与壁画交界处画有凸凹花。右壁系土块墙，画在土块上的壁画已全部为人盗去。龛上壁画亦被盗，尚残留部分说法图周围的伎乐。龛内原来似有坐佛，已被盗去。穹顶中央有鹰、蛇及日天图。日天作交脚姿，左右二轮，背光作日光辐射状。后室有涅槃壁画残像，已被全部盗去。沿龛后壁四周似为焚舍利及争舍利图。龛背中央有一个土制的供盆，似为巡礼时焚香之用。甬道口画一面目可怖的菩萨，上题古龟兹文。

与第 24 窟时代窟型及壁画内容相仿佛的是第 46 窟。此窟在干沟内危崖的高处，攀登极为危险，因此未受盗劫及损毁，保存比较完好。前室左右的说法图相当完整，龛壁供养伎乐及供养菩萨均保存完好，从图版上部可辨认出飞天。后室前壁不画涅槃像，画的却是一幅"焚棺图"[1]。这是研究古代龟兹人生活的宝贵资料。

差不多在库木吐拉艺术的全盛时代，也是雀离寺与中原关系极为密切的时代。玄奘在 7 世纪 30 年代到达此国境时，"将近王都，王与群臣及大德僧沙门木叉毱多等来迎。自外诸僧数千，皆于城东

---

① 见昙无谶主译：《佛所行赞》卷第五《汗涅槃品》第二十七。

门外，张浮幔，安行像，作乐而往。……其明日，王请过宫备陈供养……至发日，王给手力、驼马，与道俗等倾都送出"①。因此，这个时期库木吐拉艺术受到唐代的影响是很大的。从库木吐拉的石窟壁画来看，其题材和风格完全与唐代中原汉民族艺术是相同的。

如北部第 14 窟，其北壁下画有《法华经变》，还能依稀看出有《譬喻品》中的《大宅失火图》，其中的宅舍就与中原各石窟中所刻画的"向背分明"的屋宇图一模一样。该壁还画有《降魔变》《鹿野苑说法图》《江上迎佛图》等。在《降魔变》里击刺释迦牟尼的武士装的魔鬼，头上戴着雉尾，与山东益都驼山盛唐窟中所刻的天王的装饰相同。《江上迎佛图》中的江水，已经是"一摆之波，三折之浪"②，与敦煌莫高窟盛唐以来壁画所画的水相一致。而远山近水，也初步具有皴淡的笔意，与张彦远形容李思训的山水所具有的"湍濑潺湲，云霞缥缈，时睹神仙之事，窅然岩岭之幽"③的风格是相当接近的。该窟东壁又见有《弥勒变》，反映出这一时期题材的多样化。

再如北部第 16 号窟，窟内左右壁画有《东方药师变》和《西方净土变》，这在新疆石窟壁画中可以说是第一次见到。《东方药师变·普门品》中画有五个唐装的供养男女，作围佛跪拜状，也

① 《慈恩传》卷二。
② 宋郭若虚：《图画见闻志》卷一"论制作楷模"。
③ 唐张彦远：《历代名画记》卷九"李思训"则。

是在新疆石窟壁画中所未曾见过的。《西方净土变》七宝池上的伎乐，虽已残破，但还可以看见满面胡须、上身赤裸的男伎乐队，大部分作西域服饰。特别是左壁画的第一身男子供养像，幞头、朝服完全是唐代官员的服饰，旁边尚可看到一条已漫漶的榜书题名："威郡王郭。"《新唐书》卷四十《地理志》记载：

> 安西大都护府，初治西州。显庆二年平贺鲁，析其地置濛池、昆陵二都护府，分种落列置州县，西尽波斯国，皆隶安西……三年徙治龟兹都督府……咸亨元年，吐蕃陷都护府。长寿二年，收复安西四镇……吐蕃既侵河、陇，惟李元忠守北庭，郭昕守安西，与沙陀、回纥相依，吐蕃攻之久不下。建中二年，元忠、昕遣使间道入奏，诏各以为大都护，并为节度。

据此，我们猜想，这一榜书题名"威郡王郭"的第一身幞头朝服的男子供养像很可能就是郭昕。郭昕，两唐书均有传，都附在《郭子仪传》下。他是唐代中兴名臣郭子仪的侄子，自唐玄宗时从军安西，肃宗末年安西四镇兵皆调到内地平定"安史之乱"，郭昕为四镇留后，为保卫安西四镇立下了很大的功劳。德宗建中二年（781），他与伊西北庭节度使曹令忠（赐名李元忠）遣使入朝，被授予安西大都护、四镇节度使之职。"威郡王郭"应即"武威郡王郭昕"。史书虽未记载他曾封武威郡王，但考虑到：一来他是名图凌烟阁配飨代宗庙庭的功臣子侄，二来当时边疆大吏往往封为郡王的事实，那么在德宗袭封配飨功臣子孙的时候，授予他"武威郡王"的爵位并不是不可能的。如果这一推断不误，那么，完全可以肯定，库木吐拉北部石窟群的第 16 窟，当创建于 8 世纪末，其艺术风格受唐朝影响就是很自然的事了。

另外，北部第 16 窟左壁《东方药师变》边侧又画《十二大愿图》，每一愿皆有题记，可以辨认的有：

第一愿者……

第二愿者 使我来世 自身光明犹□□□ 内外明彻 净无□秽 妙色□大

功德巍巍 □□十方如日□

世□□ 众生□□开……

第三愿者……

第四愿者……

此外，第 4 窟门楣上，画有佛说法图，佛座前有大篇的"发愿文"，其壁画也与敦煌莫高窟唐代壁画相同。

库木吐拉第三期石窟，是从 9 世纪下半叶至 11 世纪。这个时期的窟型，多半还是第一、二期的纵券顶长方形窟，但也有方形穹隆窟。这是与回鹘西迁，信仰佛教有关。这个时期的壁画，无论就其题材或者就其绘画技术和风格来说，依然受到中原汉族的强烈影响。这方面我们可以以北部石窟群第 12 窟和第 42 窟为例。

第 12 窟是一个西域式洞窟。窟内左右甬道壁上画的菩萨像，头戴小型花鬘冠，高发髻，胸前系璎珞，帔巾下垂，有两道横于胸腹之间，有飘举之感。从用笔上可以看出，这是盛唐以后各地石窟菩萨造像的标准形态。这个石窟窟门左壁的男供养人，右壁的比丘供养像，也与莫高窟中、晚唐石窟所画供养人的位置相同。窟顶画有"千佛"，千佛座下，或边文，都画有唐代社会上流行的"朵云纹"。

第 42 窟可能是回鹘人开凿的。这个石窟左右甬道所画菩萨像，虽有不少汉文题名，但在右壁壁画中，又有回鹘文的题记。这可证明在高昌回鹘时期，汉文与回鹘文是同时并用的。

另外，在大窟群中间东干沟内，沿第 45 窟折转而北约一里许，再入一狭长之山谷中，半山有两个埋葬和尚骨灰的长方形纵券顶罗汉窟。窟内没有壁画，却留有许多巡礼和尚的题名。西边一个罗汉窟，门内西壁由北而南直书：

惠增留名之记　　智道　　空秀

库木吐拉石窟新 2 窟　主室穹隆顶（新疆维吾尔自治区克孜尔石窟研究所供图）

惠□巡　法师惠灯共大德□进

法兴|　礼拜罗汉回施功德兹（慈）

母离苦解脱

1929 年黄文弼先生来此调查时，见到此壁尚有三行题记，为：

大唐大顺五年五月三十日沙弥法晴　第僧沙弥惠顺日
（？）巡礼至

丁未年十一月十六日辰时共互香使八人法超礼罗汉窟|

辟支佛屈（窟）礼拜行道功德回施□持和尚法真□□
□□沾此福一时成仏（佛）

此可注意者，"大顺"为唐昭宗李晔的年号。大顺二年（891）
后即改元景福，景福二年（893）后又改元乾宁，"大顺五年"即
"乾宁元年"，亦即 894 年。这是因路程遥远、交通闭塞，中原已
改元而西域尚不知，仍继续延用以前的年号造成的。丁未年，为
唐僖宗光启三年，亦即 887 年。

东壁由南而北，直书有：

大唐东京

大师彦寿

礼罗汉骨

惠初巡礼功德为……

坚行　普满　□事道智

丁卯年十一月

比丘惠灯记　法秀　新戒

空日　道秀　沙弥戒初　智净

比丘法成　苾刍（蒭）法兄（？）坚行

等字。可注意者乃"丁卯年"。"丁卯年"一为847年，即唐宣宗李忱大中元年；一为907年，即唐哀帝李柷天祐四年，亦即唐朝灭亡之年。从"大唐东京　大师彦寿　礼罗汉骨"的记载看来，直到唐朝灭亡，中原和龟兹一直保持着密切的关系。

以上情况说明，在龟兹石窟艺术中，库木吐拉石窟是与中原

克孜尔朵哈石窟　外景（霍旭初供图）

克孜尔尕哈石窟第 23 窟　洞窟内景（新疆维吾尔自治区克孜尔石窟研究所供图）

艺术风格最为接近的一所石窟了。

第四节　克孜尔尕哈石窟

　　克孜尔尕哈石窟在库车西北 12 公里处。从库车县城出发至库车老城转入库（车）拜（城）公路上，经过两处玛扎，便看见前四五公里处竖立一高大的烽火台。此烽火台是新疆地区保存下来的一个最大的烽火台。站在此烽火台，遥望公路对面一公里处的低矮的山沟内，有无数洞窟，像月牙似的错落有致。这就是克孜尔尕哈石窟群。

　　石窟开凿在一南北方向山沟的四面山谷中。山丘系水层岩，风化剥落得十分厉害；加上此处距公路最近，来往观瞻的游客至多，不易保护，因此破坏也最大，早已变成野兔出没以及牧牛、羊人歇宿的地方了。1978 年，笔者再到此处调查时，已见不到一个完整的洞窟了，惜乎！

　　1953 年，经我们编号的共有 39 个窟（1961 年经自治区复查有46 个窟）。洞窟形式一般作西域式，惟第 22 窟呈七角形平面，正中有中心柱，左右有甬道，平顶，甚为特殊，为各地石窟群所不见。在这些石窟中，约近一半为毗诃罗窟，一半为支提窟。毗诃罗窟的增多，可以想见昔日的繁荣，此处可能是古龟兹国的又一佛教中心。

从整个石窟群的建筑形制和壁画风格来看，克孜尔尕哈石窟可能与克孜尔石窟和库木吐拉石窟同时，即起建于 3 世纪左右，晚期要延续到 14 世纪。建造年代比较早的有第 21 窟、第 12 窟、第 27 窟、第 38 窟等五个窟。第 21 窟是西域式早期大型石窟，前室壁画全毁，穹形窟顶尚残留有菱形佛说法图，下列作柏树菱形的小鸟与树叶图。小鸟做各种活动的姿态，活泼可爱。前室奥壁龛前似曾有早期大立佛的痕迹，高约 10 米。高处壁画粗壮有力，与穹顶及奥壁内壁画大异其趣，显系为配合大造像而作。甬道奥壁残留壁画，大都为铁线描，以甚多之胶质作线，虽不明快，但其粗密细致的格调，似出高手之笔。窟顶高处一飞天，无飘带与云彩，身似从天而降，健壮有力，极为佳妙。该窟后室顶为平面，正中画伎乐天人两坡，两坡隆起，多边饰，内分十八条幅。每两幅中画一菱形山，正为矛头形树；树下为水，两旁画猿、鹿、金钱豹等动物，笔致较粗犷，似与龛后壁立佛同出一辙者。中心柱后壁有舍利塔，挂双幡。窟顶两侧画森林苦修图。后壁有安置涅槃像的长条台。这一切说明，第 21 窟可能建于 3 至 5 世纪。

　　与第 21 窟极为类似的是第 12 窟。

　　时间可能稍迟一点的是第 27 窟。这也是一个西域式大型洞窟。窟顶穹形，尚残留菱形说法图。穹顶下左右壁亦画说法图，左壁全已漫漶，不可辨认；右壁分上下两格，每格画说法图八铺。龛壁左侧，有着古龟兹服饰、手持花朵的供养人四身；右侧尚残留供养人三身。甬道顶微穹，分两列画伎乐飞天八身。八身飞天由三条边饰分开，有的手托果盘，有的双手捧直角形箜篌，有的怀抱曲颈琵琶，有的吹排箫，正在做奏乐动作。伎乐袒右肩，着紧身衣，有"曹衣出水"线纹，可视为 5 至 6 世纪的作品。

第 38 窟也是西域式窟，壁画已残毁，前室残留部分尚可见四立佛，甬道内尚可见船形立佛背光。

属于中期即 6 至 8 世纪的石窟有第 7 窟和第 10 窟等。

第 7 窟为长方形纵券顶西域式中型石窟。前室穹顶已崩塌，尚残留部分菱形说法图，尚可见画有迦楼罗王，迦楼罗王两端并立托钵二佛像，又有细腰护法。前室后壁开龛，龛外无壁画痕迹。左右甬道画有本生故事画，尚可辨认的有舍身饲虎、睒子被射、婆罗门捉小兔、佛坐盘蛇座等，并杂有天雨花、三宝相等图案花纹。此外，还画有着古龟兹服装的供养人。后室左右两壁多画佛说法像，窟顶有日天、月天，比克孜尔后山石窟可能要早一些。

第 10 窟亦为建于 6 至 7 世纪西域式中型石窟。入门上方一大说法图相当完整，穹顶菱形说法图已漫漶。甬道奥壁龛两侧各有西域民族服饰的女供养人南北四身。后室龛壁上为八王分舍利图，八王都手持舍利囊；壁画中火焰的上端画二飞天，衣衫表现为线描法。后室背壁左右画文殊与普贤，还有一身着西域服饰的类似天王像，中央为说法图。甬道奥壁前面为佛本生故事舍身饲虎图，后面画拘尸那城守舍利的五个骑士，意态活泼。大部都采用单线平涂，烘染甚少，服饰带有浓厚的西域民族风味。舍身饲虎图下面为地狱变相图。甬道北奥壁前段已漫漶不清，依稀可辨中央为拘尸那城，后段与南甬道奥壁相对称的，各有五个骑士图，手持旗帜和矛，下面画有山和树木，虽然斧痕累累，为人盗取不遂，但这残留的骑士和战马尚能看出其挺秀有劲的笔力。此窟奥壁壁画焚舍利及骑士图，是新疆石窟壁画中所常用的题材，不但现实主义的表现技法精湛有力，而且都具备浓厚的民族风味。这是古代龟兹石窟艺术的显著特征之一。勒柯克在克孜尔石窟盗窃的类似的壁画中，也有与此相同的分舍利与守拘尸那城骑士的内容。

属于晚期即 8 世纪以后直至 14 世纪元代时期的石窟有第 9 窟、第 11 窟、第 19 窟、第 28 窟、第 29 窟等。这个时期的窟型，除穹庐顶（如第 28 窟）、斗四式六重套斗藻井（如第 29 窟）外，在艺术上多在四壁及甬道奥壁上画千佛，用色简单，仅暗绿、白、蓝三色（如第 19 窟），这都与敦煌莫高窟宋代窟式相仿佛。

第 28 窟为穹庐顶的西域式与波斯式混合式窟。前室波斯式窟顶早已损坏，左右壁各有纵式凹形直格七条，每格距离甚近，空间壁上无画，可能为镶嵌木板之用。左右开甬道，甬道左壁画有密教观音，两旁有说法图及故事画，施色甚薄，类似敦煌莫高窟唐以后的密教画风格。壁上底色呈粉红色，似在白垩中羼杂了土红。后室窟顶画人、马、蛤蟆、小鸟等穿插其间，又极似敦煌莫高窟第 458 窟的元代壁画。

第五节　森木塞姆石窟

森木塞姆石窟在库车县城东北约 35 公里处。由县城出发，沿着东去乌鲁木齐的公路约 20 公里，转向正北再行 10 公里，到达牙合乡的克内什村 [①]。由克内什村再转向西北，入戈壁前行 5 公里，便进入库鲁克塔格山口，中有小溪自山中蜿蜒流出。溪水东西两岸山腰崖壁上，分布着许多石窟。这便是森木塞姆石窟群。

森木塞姆石窟群现存石窟 52 个（1953 年经我们编号的是 30 个），大部分是西域式石窟，长方形纵券顶，后开大龛，左右有甬道，通后室。但也有方形平面中心柱窟（如第 42 窟）和方形平面穹庐顶窟（如第 42 窟、第 46 窟、第 15 窟）。这后一种窟窟顶往往由直线形斗四变为曲线八角，形制特殊，为其他地方所未见。此外，同克孜尔尕哈石窟一样，毗诃罗窟的增多而为大型，也是应该注意的。

从森木塞姆石窟的形制，结合壁画题材与风格，同克孜尔石窟一样，亦可分为三期。

森木塞姆早期西域式石窟，同古龟兹国各地石窟一样，建于 3—5 世纪。这种窟多为长方形纵券顶的大型石窟，后壁不作龛，而造摩崖大像，左右开甬道以通后室。后室后壁作长条形涅槃台。壁画题材多在菱形斜方格内画山水，山中为矛头形及小花样的树，

---

① 编者按：此村庄当地维吾尔（族）村民称之为"克尔希"。

森木塞姆石窟　外景（霍旭初供图）

树下画各种佛本生故事画,其中猿本生较多。画法一般是大笔平涂,线条极粗,但千姿百态、生动活泼。森木塞姆属于早期的有第11窟、第21窟、第24窟和第43窟等。

第11窟(1953年我们曾编为第25窟)为长方形纵券顶摩崖大龛,龛极高大,约17~20米,前壁已毁损。从西壁装枋头的痕迹看,可分为四层,即在大立佛像前作四栋。大像已无后壁,第三层上下有大洞眼两个,应为镶嵌大立佛上身之用。下部被土封,不能见到足下莲座。大立佛左右开甬道以通后室,后室后壁有极低的长条涅槃台。室内壁画大部分已残毁。东甬道顶尚残留有一笔致粗壮活泼的飞鸭,表现力极为丰富。西甬道顶及西壁上半部残存壁画较多,也较清楚,顶中间为二持钵立佛像和迦楼罗王像。二立佛像中间画一鸟,两边各二鸟,两侧分别为日天和月天,上画有星座。日天和月天均作菩萨装束,坐于马车上向前奔驰。马车从侧面看去似两轮,画四马、二马方向相背。月天仅残存一头部及马头,余皆无存。西壁上菱形方格内的山,作矛头形及花瓣形,有一猕猴王舍身救群猴图,猕猴一足在桥上、一足蹬在树上,尾巴亦缠在树上,向前伸手翘首接引小猴的形象,非常生动可爱。

第21窟(1953年编为第12窟)亦为长方形纵券顶西域式窟,惜大部分已残毁,惟见后部穹顶尚残留菱形说法图少许。后室后壁画涅槃图,多残毁,尚可辨有几个弟子举哀的部分壁画。甬道奥壁依稀可辨菩萨残迹。

第 24 窟（1953 年编为第 13 窟）也是长方形纵券顶西域式窟，前室后壁作大龛，龛外有塑山痕迹，佛像不存。穹顶均残，惟见菱形说法图，坐佛旁有二侍者，上画矛头形的树，山中无花瓣。甬道奥壁的画均已残毁，西甬道尚残留猕猴本生一部分，其刻画生动犹如第 11 窟然。

第 43 窟（1953 年编为第 6 窟）为长方形纵券顶大型西域式窟，后壁不作龛，而作大立佛。大立佛高约 10 米，今佛像已无，但可见佛足下的莲台残迹。左右开甬道以通后室。门楣已崩圮，左右壁各有一约高半米的长条台，后壁亦存有极低的长条涅槃台。此窟形式古朴，似为大立佛式窟演变为西域式窟的过渡式样。窟内左右壁壁画已经剥落，甬道壁画又被烟熏黑，难以辨认。惟窟顶尚可隐约辨出横格形的佛传故事画。如猿在山中作捧物状，用笔虽粗，也极生动活泼。

中期为 6—8 世纪的洞窟。窟型一般多为西域式，但比早期要小，前室作大龛，龛外有的无塑山痕迹而为壁画。此外，此时还出现一些方形窟，当是受波斯、印度等外来影响。这种窟是作中心柱，四面开龛，柱前柱后作横券顶，后壁更开明窗，也有在两壁上开明窗的。这一时期的壁画，是开始在四壁画有立佛像，但主要的还是继承前期的上下两层佛说法像，窟顶下层大多画佛本生故事，上面为几层佛王像。佛王像的后壁或四周的山形，与克孜尔石窟同时期者同，只是山中图案花瓣发展为三朵花形的小树。佛座为方座，有的又在方座中画莲花瓣。佛衣饰有双领下垂的，衣裙有的作印花布。就这一时的画风来说，大部分用细线条，但也有用粗线条的，而有莼菜风。佛像与伎乐天人大都生动明快，衣纹线条虽仍可见"曹衣出水"状，但也大都"吴带当风"了。此时，在画法上透视法的应用是很自如的，不少人像都不用轮廓线了。森木塞姆此期石窟较多，比较重要的是第 1 窟、第 15 窟、第 30 窟、第 40 窟、第 41 窟、第 42 窟、第 48 窟等。

第 1 窟（1953 年编为第 30 窟）略作长方形纵券顶西域式窟，中心柱前作大龛，无塑山痕迹，四壁壁画全被剥掉，残余中可见菱形方格内画佛说法图共两层。北甬道南壁上层画菱形斜方格，内画矛头形树及山，山多烘晕，中有猿及水鸟等。南甬道尚残留猿、骑牛菩萨以及供养菩萨。尤可注意者为窟顶南端菱形格内的坐佛像上的树，不作花瓣状而作小树状，这与克孜尔同期石窟有很大不同。方座佛像有作双领下垂者，显示明显的隋唐风格。后室上部菱形纹内画佛本生故事，画有狮子和鸟，下部画有分舍利图。

第 15 窟（又编为第 23 窟），为犍陀罗式的变化形窟。全窟作方形、穹庐顶，窟顶由直线形斗四变为曲线八角，形式特殊，为其他地方所无。顶角尚残留壁画少许，难于辨认，只可看出极鲜明的绿、青、白三色。与此窟相同的，还有第 14 窟（又编为第 25 窟），可惜壁画亦已全毁。

第 30 窟（又编为第 19 窟）为长方形纵券顶西域式窟，壁作大龛，龛后西壁已崩圮，前室穹顶部分已见大裂痕，如不及时修

森木塞姆石窟第30窟　主室券顶　本生故事（新疆维吾尔自治区克孜尔石窟研究所供图）

茸即将坍毁。窟内壁画内容特殊，艺术价值极高，如其坍毁，甚是可惜！前室穹形窟顶上，画有"降魔变"中波旬王的女儿引诱释迦牟尼的壁画。每一组画在佛的左右都有婀娜多姿且全身赤裸的女子，神态姿势均极生动妙丽。甬道奥壁及龛后涅槃卧佛，头北脚南，这是其他石窟中不常见的。甬道口奥壁画的比丘像，亦极具西域画的特殊风格。此外四壁又多画佛本生故事，如南甬道北壁上的狮子王为猕猴二子所攫欲舍命的故事，北甬道顶的猿攀树、猴骑鹿奔驰的故事，孔雀王为国王说三痴的故事，后室前壁东侧的二鹦鹉闻四谛品的故事等，又往往采取对称的构图，用二树相交作连理枝状，二鸟相对，其鹿、兔竞走的形态，鹿在桥下喝水的情状，猴在桥上倒身攀树的姿势以及鹦鹉、猴子谛听和凝思默想的神气等等，都可视为森木塞姆石窟艺术发展的高峰。

第40窟（又编为第9窟）为长方形纵券顶西域式窟，窟顶正中作穹庐形，较浅，类似波斯式。后壁作大龛，左右开甬道，后室后壁西端又有一小龛，龛内右下角有一比丘像，着幞头、圆领、大袍，乃唐代中原服饰；穹顶画小立佛八身，左右画女供养人，从供养人的衣服冠带上看，此窟亦是唐代所作。窟内壁画全部被烟熏黑，左右两壁壁画全被剥掉，惟见一些线条，柔和劲健，笔力精到，似用铁线描，龛壁东侧似有持箜篌的伎乐残迹，甬道内三面皆立佛，与其他洞窟不同。

第41窟（又编为第8窟）也为长方形纵券顶西域式窟，壁作大龛，左右开甬道，窟顶及窟门已残毁，左右壁壁画全被剥掉。

此窟尚残留菱形说法图，佛下有结跏趺方座，龛楣近边左右似为二天王，一头戴西域武士帽，一蹬绳鞋。后室顶壁已全熏黑，无法辨认；后室前壁尚可见一头戴盔甲的武士形象，画面似为分舍利图。另外，从佛方座下的莲花瓣和菱形斜方格的边纹看，壁画线条细腻，并无较粗线条，用色亦大方、明快，都具唐代风貌。

第42窟（又编为第7窟）为方形穹庐顶窟，叠涩三层，圆形藻井，四周画七条幅，每条画一立佛，共七立佛。四角画伎乐天，东北角一伎乐天怀抱琵琶，边纹作壁纹及忍冬纹。四面壁画全毁，残留部分尚可见佛说法图及佛经变相图。人物轮廓线是在细线条内用大笔涂抹，内部衣纹亦用细线条，极其活泼生动。

第48窟（又编为第3窟）为长方形纵券顶西域式窟，保存比较完整。前室为穹形窟顶，菱形斜方格内配置有说法图，佛像双领下垂，结跏趺坐或方座，周围画供养人、婆罗门及虎、狼、鹿等动物。穹顶的中央画一迦楼罗王像，口中似衔一龙，西边画一只鹰和一立佛，再西边为月天，月中为一白兔；迦楼罗像东边画一比丘状的人，禅坐，座下有一金翅鸟，再东边为日天。南北壁各有船形背光的立佛五身，无四众听法，上端以凸凹花为装饰的图案，入口处上面中央画一大船形背光立佛。南壁画马及象首，北壁画轮形供宝，南北壁各有二龟兹男女长跪供养人像。龛壁为飞天和伎乐组成的壁画，可见排箫、琵琶等，姿态生动活泼。左右甬道奥壁有立佛，甬道穹顶作莲花变化圆形图案，余皆熏黑难辨。总之，此窟壁画技术精湛，多采用铁线描，流利生动，伎乐飞天又有莼菜风，烘染方法多系单面烘染，浓淡色的渐次增减使画面的造型效果非常显著，已具有西域凸凹画作风的特点。由于全窟经过烟熏，一切色调均呈青暗厚重的感觉。

晚期为9—11世纪的石窟。这个时期的石窟窟型与中期大致相同，主要是壁画题材与风格上与中期有所不同，即四周多画立佛及千佛像，颜色单调，以红色为主。主要洞窟有第26窟（又编为第15窟）、第44窟（又编为第5窟）两窟。其他洞窟皆已损毁，很难辨认了。

第26窟形式特殊，平面方形，中央作中心柱，柱开四面龛，作横券狭长顶。左右仍作甬道，甬道顶作近似尖拱形，左右甬道南北壁两端复大龛，南壁龛作尖拱顶，北壁龛作圆拱顶，后室后壁正中又开明窗。形制特殊，为它处所未见者。前室横券顶正中画立佛，两端画日天及月天，其余皆脱落难辨。两旁菱形方格内画山林茅屋，应为山林苦修图。南北壁各有立佛像三尊，余皆伎乐天人，或持果盘，或持索起舞，或抱琵琶，出没于凸凹花装饰的花饰之中，栩栩如生。中心柱四面龛作燃灯形装饰。龛柱两面除中间的说法图外，两侧皆画鹅、狐、对鸟等动物形象。后室窟顶菱形方格内的山林有花瓣的大墨点或矛头形树，后壁画立佛四尊，余为伎乐天。全窟壁画用笔粗壮，用色多为黑色及石绿，极似敦煌莫高窟宋代壁画作风。

第44窟为略作长方形纵券顶西域式窟，后壁不作龛，壁前有一较大的圆土台，似为佛足莲座。壁上多四方孔，系为当时造大佛立像所用，佛像早已无存。前室穹顶绘菱形说法图，佛两侧配以各种供养人及兽。供养人不仅有着汉族服装的，也有着西域民族服饰的，佛旁还有两个全身盔甲的武士（天王像）及赤身露体的婆罗门。说法图下面还配置有二人一组的大伎乐，惜已全毁，惟东南部尚可见一抱九弦箜篌的大伎乐人。从整个窟顶画风来看，多用土红，既是菱形山、树，亦多用土红，杂以蓝、白二色。凡此种种，都很接近晚唐以后敦煌莫高窟壁画的风格。甬道奥壁画立佛及着西域服饰的供养人，供养人所戴的帽子系莲花状，也与晚唐、五代及宋的头饰相同。北甬道入口上端，画一天王立像，头上缠有四个蛇首的龙王，足下有一白色的骆驼，不知是什么故事。奥壁北还可见立佛三尊。后室前壁似为焚棺图，尚可见供养菩萨五身，上有火焰宝盖；后壁画涅槃像及佛弟子举哀图。总之，从其壁画的题材与风格来看，第44窟可能延续到唐宋以后的回鹘时代。

第六节　玛扎伯赫及龟兹地区的其他石窟

玛扎伯赫石窟亦在库车县城东北，沿库车去乌鲁木齐的公路东行20公里，折转北行10公里左右，到达玛扎伯赫村。此村西北距通向森木塞姆石窟的克内什村仅五公里，由克内什流出来的一道水经玛扎伯赫村折转西南约四五百米处进入土丘小山中，土丘小山干沟之内错落一些石窟寺，这便是玛扎伯赫石窟群。克内什村和玛扎伯赫村合起来又叫阿希依拉克（Ajiagēlik）。所以，玛扎伯赫石窟又被称作阿希依拉克千佛洞。

玛扎伯赫石窟寺附近尚有一处古代遗址，考古工作者曾在这里发掘出一高 1.8 米的红陶缸以及红陶碗、砖块等器物。在今天这里虽然交通不便，但在古代可能是古龟兹国一个非常繁荣的地方。

玛扎伯赫石窟群又可分为东、西、西南、西北四个院落，现存洞窟 32 个。由于千百年来河水的冲毁和外国考察队勒柯克、格伦威德尔等人的劫掠，玛扎伯赫石窟几乎被破坏殆尽。从仅存的破碎的石窟形制来看，大体上也可分为支提窟和毗诃罗窟两种。支提窟又可分为两种形制，一种是长方形纵券顶西域式窟（也有个别是横券顶的），一种是方形穹庐顶窟，窟中的壁画都难以见到了。毗诃罗窟亦可分为两种形制，一种是一边开甬道，较方形的横券顶窟，这和克孜尔石窟多长方形毗诃罗窟有些不同。有的毗诃罗窟外还有用土坯砌成的院墙；另一种为长筒形纵券顶毗诃罗窟，有的可长达十多米，无任何壁画痕迹，可能是作储仓之用。毗诃罗窟的增多，是玛扎伯赫石窟的显著特点，足以证明在古龟兹国，这里是僧尼们出家静修的一个主要所在。

玛扎伯赫石窟群，同古龟兹国其他石窟群一样，似为 3—11 世纪所建。

第 6 窟是建造较早的一个石窟，约当 3—6 世纪。前室已毁，后室呈方形，穹顶后壁作大龛，左右开甬道。壁画大部分已残毁

玛扎伯赫石窟　外景（霍旭初供图）

玛扎伯赫石窟第1窟　主室顶部（新疆维吾尔自治区克孜尔石窟研究所供图）

玛扎伯赫石窟第8窟　后甬道正壁（新疆维吾尔自治区克孜尔石窟研究所供图）

漫漶，残留部分尚可见菱形斜方格内画山、树、猿及人物，似为佛本生故事，白、黑、绿三色，形式古朴。东壁入口上方似为涅槃图，余皆看不到了。

与第 6 窟同时代的为第 29 窟。窟型略似第 6 窟，但顶作圆穹形，深 1 米左右，分 9 条幅屏风式样，每条幅画立佛一，共九立佛。穹庐顶外四角画坐佛，坐佛左右画二鹿及比丘像，似为鹿野苑说法图。鹿为白色，半披肩，其跪坐听佛说法的壁画，是为古龟兹国其他石窟所没有的。比丘像外伎乐飞天三身，其中一手持"军持"（梵文"澡罐"的音译），身着袈裟，线描粗壮有力，作"曹衣出水"状，与敦煌莫高窟北魏壁画极为相似。

第 20 窟大概为 6—8 世纪所建的长方形横券顶西域式窟，顶后壁作方龛，龛中央已无物，龛壁画五菩萨。前室穹形画菱形说法图，南壁为卢舍那佛，北壁立佛已漫漶。甬道两壁壁画均作菱形山林佛说法图。后室内壁也为五菩萨；后壁不画涅槃像而画立佛六尊，似与其他石窟迥异。整个壁画用色以白、蓝、红、绿为主，笔法细致、明快，恰与克孜尔石窟隋唐时期的壁画相埒。

第 10 窟为建造于 9—11 世纪的方形穹顶式窟，分前后二室。前室已崩圮，后室穹顶四面作叠涩式四层上缩，门左右用土坯砌起，有门框遗痕。叠涩四层各有壁画，但俱残，仅门楣上尚隐约可辨画有涅槃图。此种情况，在晚唐及宋代壁画中较多见。

古龟兹国的八处石窟寺，除上面已重点介绍的克孜尔、库木吐拉、克孜尔尕哈、森木塞姆和玛扎伯赫等五处石窟外，值得一提的尚有今拜城县的台台尔石窟和今新和县托乎拉艾肯两个石窟群。

台台尔石窟位于拜城县东 65 公里处，由克孜尔乡西北行约 5 公里，便至台台尔石窟。当地群众称此石窟寺为吐尔塔木，意为"塔院"。现有石窟十余，已全部坍毁，然此东距古龟兹最大的石窟寺克孜尔只十余公里，石窟背后小山上复有一区寺院遗址，可以想见，在魏晋至隋唐时期这里一定也是一处佛教中心。

托乎拉艾肯石窟在新和县西稍北约 40 公里处，却勒塔格山由东向西延伸，至此已断，再向西已变为丘陵似的小山了。洞窟约分两部分，东西相距约 5 公里。东部散存数洞石窟，今已全部坍毁，空无一物；西部现存 19 个窟，只有第 16 窟尚存一些壁画，为飞天及供养人等。整个洞窟周围散存陶器残片甚多，洞窟前面有一高耸的山头，上甚平旷，顶有一寺院遗址，山腰石级尚历历可数。据群众反映，这里曾发现唐玄宗天宝年间的文书，亦可想见其昔日的繁荣。

台台尔石窟　外景（新疆维吾尔自治区克孜尔石窟研究所供图）

托乎拉艾肯石窟第 3 窟　壁画（柴剑虹供图）

第二章 古焉耆国石窟

古焉耆国位于今新疆维吾尔自治区中部的巴音郭楞蒙古自治州境内。四周天山环绕，地势西北高、东南低，发源于天山中部的开都河横贯全区，河面宽阔，水流平稳，水量充足。注入博斯腾湖后，复向西流出，古称敦薨水，今称孔雀河，再折转东流，注入著名的罗布泊。开都河和孔雀河两岸，地势平坦，水源充足，土地肥沃，是宜农宜牧的好地方。

在汉代，焉耆即为西域三十六国之一，北界乌孙，西南界龟兹，南邻渠犁，东接车师，是"丝绸之路"上的重要国家。当时，它已有户四千，三万二千多人。之后，它又有乌夷、阿耆尼等名称，都是焉耆一词的同名异译。古焉耆因地处"丝绸之路"上的交通孔道，在今天，境内还留有许多古代遗迹，如七格星明屋（俗称"千间房子"）和石窟（又称霍拉山千佛洞或七格星石窟）、唐王城和四十里城子等。在这些古代的遗址里，考古工作者曾挖掘出许多具有研究价值的汉唐时代的红陶片、灰陶片、开元钱、回鹘文木简以及大批的佛头、佛身等文物。特别在唐代，这里又置焉耆都督府，隶属于设在龟兹国的安西大都护府。开元七年(719)，由于突厥十姓可汗请居"安西四镇"的碎叶镇，安西节度使汤嘉惠表以焉耆备四镇，以代碎叶，焉耆的地位更显得重要了。

关于古焉耆国的佛教信仰，公元 5 世纪初的法显大师，经过这里时说：

> "乌夷国僧亦有四千余人，皆小乘学。"（法显：《佛国记》）

唐初，玄奘大师经过焉耆国时，给我们留下了古焉耆国最为完备的记载。《大唐西域记》一开头就说：

> 出高昌故地，自近者始，曰阿耆尼国。阿耆尼国，东西六百余里，南北四百余里。国大都城周六七里，四面据山，道险易守。泉流交带，引水为田。土宜糜、黍、宿麦、香枣、蒲萄、梨、柰诸果。气序和畅，风俗质直。文字取则印度，微有增损。服饰毡褐，断发无巾。货用金钱、银钱、小铜钱。

王，其国人也，勇而寡略，好自称伐。国无纲纪，法不整肃。伽蓝十余所，僧徒二千余人，习学小乘教说一切有部。经教律仪，既遵印度，诸习学者，即其文而玩之。戒行律仪，洁清勤励，然食杂三净，滞于渐教矣。

从上述法显和玄奘的记载来看，古焉耆国不啻是古代西域佛教发展和石窟艺术的又一个中心。只是由于一千多年来风雨的自然剥落和人为的破坏，特别是 20 世纪最初 20 年来英、德帝国主义分子如斯坦因、勒柯克的偷盗毁损，古焉耆国的石窟今天所能见到的只有七格星（又称西克辛）一处了。

七格星石窟位于今焉耆县城西南 30 公里处。由县城出发，沿着去库尔勒的公路到四十里城子，向西直走十余里，便到了霍拉山麓的七格星石窟寺。现有洞窟 12 个，皆修凿在不高的黄土丘陵上，几乎全部残毁，只有第 1、2、3、4、5、7 号六个洞窟尚残存壁画。根据洞窟形制和壁画风格，估计这些洞窟是修建在 8 世纪左右的。

七格星石窟的形制率由西域式窟改建而成，大体上又可分为甲、乙两种形式。甲式为长方形窟，窟顶为微突的平顶，中心柱不是方的，而是扁的，犹如一座屏风照壁，将石窟分为前室和后室，窟壁画各种壁画。乙式亦为长方形窟，与甲式相仿，惟前室中央有一长方形坛基，似为须弥台，原造像已全毁。窟顶多画朵云纹及缠枝莲花纹，窟壁画各种壁画，惜残留不多。

七格星石窟　外景（霍旭初供图）

现存的七格星石窟，以第 7 号窟最为引人注目。此窟窟顶全为 8 字形网形格线，从底下望上去，好似麒麟的鳞纹一般，因此，七格星千佛洞，也称为麒麟洞。这种形式，盛行于波斯的萨珊朝时代（226—651）。萨珊朝波斯与南北朝至隋唐时代的中国有着友好的交往，两国人民来往频繁，因此，这种形式也可能是受到了外来的影响。然其入口左右所画供养人的残迹，却着唐代服饰；外殿穹顶中央所画圆形的叶片，亦似唐代草卷叶的风格，整个壁画受内地的影响还是主要的，因此，又可断定此窟是 8 世纪左右修建的。

此外，七格星第 5、第 6 两窟窟型与克孜尔石窟早期窟型相同。从其穹形窟顶和甬道残存的壁画，还可看出其在菱形方格图案内，画有立佛和立菩萨，余为千佛和飞天。菩萨、飞天和千佛故事画全集合组织在一横带形的范围内，是为新疆其他石窟寺所未见的。从这些情况猜测，此两窟的开凿年代又可能在 4 世纪之后。

因此，可以说，古焉耆国七格星石窟似为 4—11 世纪所建。

在七格星石窟群东南约半华里处，有一处废弃了的佛教大寺院，俗称千间房子，又称七格星明屋。这座大寺院，明显地又可分为南、北两处，总共有百余间。这是从南路和阗、尼雅、米兰一带沙漠淤土堆中所流行的寺庙明屋制度自由发展起来的，形式多种多样。南大寺遗址，有前后二大殿，前后殿都建筑于一高大台基上，三面作甬道，与石窟的左右甬道和后室形式相同，这是西域式石窟形式发展而成的殿堂寺庙。大殿左右建有许多毗诃罗窟式的僧房和支提窟式的穹庐顶小殿堂，方形。北大寺遗址，可看出并列的三所大殿，建筑形式与南大寺大殿相同。大殿前面的高台上，还有一些用土坯砌起的方形纵券顶并有中心柱的小型支提窟，与吐鲁番石窟寺和敦煌莫高窟唐宋时代和高昌回鹘时期的穹庐形支提窟相同。此外，在大殿前后左右，还都可见到一些六角形或八角形的塔，塔基显著，有的并可见塔前山门的遗痕或方形塔院。总之，其形式不下十多种。可惜这个寺院现在都已损坏坍塌，难于窥其全豹了。在残存的土堆中，尚可采集到一些佛、菩萨的造像，但这些残臂断块，也使人难以看出当时的形象。就其风格判断，大体是属于7—11世纪的遗物。

古焉耆国介于西边的龟兹和东边的高昌之间，其石窟寺虽已崩坍殆尽，但它却占有重要的地位。研究古焉耆国石窟的特点，可以使我们了解古龟兹国石窟演变为古高昌国石窟的发展过程。

第三章 古高昌国石窟

古高昌国，在今新疆维吾尔自治区东部吐鲁番盆地。这里四周界以大山，南临库鲁克塔格山，北倚天山东部主峰博格达峰，中间为一隆起的低脊丘陵，名为火焰山，绵延二百余公里。火焰山下，自古以来就是中西交通的要道，亦是南疆"城郭诸国"北通草原"行国"的孔道，地势非常险要。气候温暖，厥土良沃，谷麦一岁再熟，宜蚕桑、植棉、瓜果葡萄，并有许多著名的古代遗址，是中外人士心向往之的美丽富饶的绿洲。

吐鲁番盆地，自汉至魏皆称车师前国（或称车师前王庭），王治交河城（今雅尔湖交河古城）。高昌之名，最早见于《汉书》记载，当时称为"高昌垒"。《北史·西域传》说：

高昌者，车师前王之故

地，汉之前部地也。……昔汉武遣兵西讨，师旅顿弊，其中尤困者因住焉。地势高敞，人庶昌盛，因名高昌。亦云：其地有汉时高昌垒，故以为国号。

公元前 1 世纪中叶，汉于乌垒设西域都护府后不久，即在高昌垒设戊己校尉，屯垦戍边。高昌垒又称高昌壁，今三堡附近的高昌故城，可能即肇基于高昌壁。从那时起，高昌之名就为历代所沿用。

三国时曹魏和西晋，都沿汉制，在此设戊己校尉。西晋末年，我国北方兴起许多地方割据政权，高昌遂隶属于一些地方政权管辖之下。公元 327 年，占据河西地区的前凉，在此设高昌郡，是这里郡县制度的开始。之后，割据西北地区的前秦、后凉、西凉和北凉等也都在此设立高昌郡。

公元 460 年北凉王沮渠安周为柔然人所杀，高昌亦在柔然控制之下。不久，柔然贵族立阚伯周为高昌王，开始称为高昌国时期。其后相继有张氏、马氏、麴氏在高昌国称王。麴氏高昌国时间最长，达一百四十一年。

公元 640 年唐灭麴氏高昌，于此设西昌州，后改作西州，同时，并设安西都护府于此地。八年后，安西都护府迁到龟兹，又二年遇到阿史那贺鲁的叛乱，复把安西都护府撤回西州。658年，安西都护府再次迁到龟兹，西州遂改为西州都督府。758年，仍改为西州。由此可见，这里一直是唐代在西域统治的政治军事和经济文化的中心之一。

唐末，吐蕃人曾一度占据了高昌。9世纪后半叶，居住在漠北的回鹘人大量西迁，赶走了吐蕃的势力，占据了高昌，建立了高昌回鹘或西州回鹘政权，其王称"亦都护"。元朝在此设哈喇火州宣慰司。元末明初，高昌亦都护政权为察合台后王所灭亡，兴起了吐鲁番"地面"，直到清朝重新统一新疆，这里一直是新疆的一个政治军事重镇。

第一节　古高昌国石窟的分布情况、创造年代及其艺术特点

古高昌国境内现存的石窟，尚有吐鲁番的雅尔崖、胜金口、伯孜克里克和鄯善县境内的吐峪沟等四处。

佛教传入高昌，始于何时，并无明确记载。但我们从梁僧祐所撰《出三藏记集》卷八所收释道安《摩诃钵罗密经抄序》中知道，前秦建元十八年（382），车师前部王弥第朝见苻坚时，其国师鸠摩罗佛提曾献梵本《大品般若经》一部，高昌佛教已经是很兴盛的了。《晋书·苻坚传》亦载孝武帝太元七年（382），车师前部王弥宾与鄯善王休密共朝秦。第、宾对音，弥第和弥宾当系一人。

自兹之后，到东晋和南北朝时期，高昌的佛教信仰进一步兴盛，遂使高昌成为一个重要的佛教文化艺术中心。其时，高昌出现不少名僧，步履不仅遍及张掖、敦煌、长安、洛阳、大同及江南一些地方，在一些名山大刹翻译佛经或聚众说法，而且翻越帕米尔高原，远涉印度，巡礼灵迹。这一时期佛寺的建造也非常兴盛，王公贵族、官吏都以建立佛寺为荣，从现已出土的文书来看，这时的佛教寺院不下三四十座，诸如仙窟寺、都郎中寺、田地公寺、永安公主寺、焦郎中寺、田寺、张寺、王寺、孙寺等，不一而足。这些佛寺，往往也包括石窟寺在内。20世纪初叶，以格伦威德尔为首的一支德国考察队，曾在今高昌故城中盗掘一方《北凉承平三年沮渠安周造寺功德碑》，北凉沮渠牧犍被北魏兼并后，其弟沮渠无讳和沮渠安周相继占据高昌一地，仍称凉王，沮渠安周未立年号，承平仍是沮渠无讳的年号，而为安周所袭用，承平三年乃公元445年。这是国王造寺的明证。1911年，在吐鲁番阿斯塔那也曾发现一方石碑，名为《麹斌造寺碑》，此碑立于麹氏高昌第七代王麹乾固延昌十五年，即公元575年。建碑者为麹斌的儿子麹亮，建碑的目的就是纪念麹斌生前施舍田宅建造佛寺的"功德"的。麹斌是高昌的贵族，职位是折衔将军、新兴县令。这又成为贵族官吏建造佛教寺院的一个佐证。由于王公贵族大力提倡佛教，广泛建立佛教寺院，因此，佛僧众多，佛寺广占土地田产，役使大量的僧祇户和浮屠户，佛教已经成为影响当时社会政治的极大势力。

　　从4世纪至6世纪，古高昌国佛教传播虽然兴盛，寺庙林立，但还没有完全佛教化。这个时期由于中原战乱，大量汉人迁入高昌，在高昌称王者又多为汉族或汉化了的匈奴族人，因此汉族文化在高昌还是根深蒂固的。就佛教在高昌的发展来说，它一开始就受到汉族宗教信仰和当地民族风俗习惯的强烈影响，甚至糅揉在一起，因而使得古高昌国佛教艺术具有与古龟兹国佛教艺术不同的风格。《北史·西域传》说：

> 其风俗政令，与华夏略同。兵器有弓、箭、刀、楯、甲、稍。文字亦同华夏，兼用胡书，有《毛诗》《论语》《孝经》，置学官弟子以相教授，虽习读之而皆为胡语。其刑法、风俗、婚姻、丧葬与华夏小异而大同。

这种情况，不能不对佛教艺术产生巨大影响，从而使古高昌国石窟艺术具有其特殊的风格。

7世纪20年代末，玄奘西行求法至伊吾时，高昌王麴文泰即日发使和命贵臣迎接玄奘。玄奘到高昌后，王及王妃以下俱来拜谒。麴文泰对玄奘说：

> 拟师至止，受弟子供养以终一身。令一国人皆为师弟子，望师讲授。僧徒虽少，亦有数千，并使执经充师听众，伏愿察纳微心，不以西游为念。[①]

----

① 慧立、彦悰：《大慈恩寺三藏法师传》卷第一。

按当时高昌国三州五县二十二城，才不过八千来户、三万多人，而竟有数千僧徒，亦可见其佛教之繁荣。后来，由于麴文泰通好西突厥，阻碍西域诸国入唐朝贡之道，贞观十四年（640）遂为唐所灭。唐改高昌为西州，设为郡县，更置安西都护府统辖西域各地，使之成为中西经济文化交流的中心。就佛教说，内地僧徒及中亚、印度等地的僧徒多出入于此，佛教寺院也大大增加了。由于唐代汉族和西域各族人民的经济文化交流和亲密往来，高昌地区的石窟艺术更加显露出它所独具的特点。

这里应该特别指出的是，回鹘人在漠北时期，似已有接触佛教的迹象，只是后来被摩尼教代替了。逮公元9世纪中叶，回鹘人大量西迁，在高昌建立高昌回鹘政权之后，在当地原住民的影响之下，又放弃了摩尼教的信仰，全面地接受了佛教。在高昌回鹘时期，回鹘人不仅用回鹘语文翻译了大量的佛教经典，差不多《大藏经》中的经、论两部的著作几乎已经先后被翻译成回鹘语文，而且也建造了大批的佛教寺院和石窟。关于后者，我们从高昌故城的寺院建筑遗址和石窟寺中残存的佛教壁画及回鹘文题字就能充分地看出来。另外，在10世纪末，北宋王延德在其西使高昌的行程记中说：

> （高昌）无雨雪而极热，每盛暑，人皆穿地为穴以处；飞鸟群萃河滨，或起飞，即为日气所烁，坠而伤翼；屋室覆以白垩。开宝二年，雨及五寸，即庐舍多坏。有水出金岭，导之周绕国城，以溉田园，作水碾。地产五谷，惟无荞麦。

贵人食马，余食羊及兔雁。乐多琵琶箜篌。出貂鼠、白氎、绣文花蕊布。俗多骑射。妇人带油帽，谓之苏幕遮。用开元七年历，以三月九日为寒食，余二社、冬至亦然。以银或鍮为筒，贮水激以相射，或以水交泼为戏，谓之压阳气去病。好游赏，行者必抱乐器。佛寺五十余区，皆唐朝所赐额，寺中有《大藏经》《唐韵》《玉篇》《经音》等；居民春月多游，群聚邀乐于其间，游者马上持弓矢射诸物，谓之禳灾。有敕书楼，藏唐太宗、明皇御札诏敕，缄锁甚谨。复有摩尼寺，波斯僧各持其法，佛经所谓外道者也……[①]

王延德的记述，是当时高昌回鹘社会风俗习惯的最为完备的记载。这种情况也充分地反映在这个时期所开凿石窟寺的壁画中。高昌时期的佛教壁画受到汉族绘画技术、风格的强烈影响，这说明自两汉以来就已开始的西域各族人民和内地汉族人民间的经济、文化方面的密切联系，此时又有了进一步的发展。

13 世纪初，高昌王巴尔术阿尔忒的斤自愿归服了成吉思汗，并受到成吉思汗的优待，保持有原来的辖地。在整个蒙古和元朝统治时期，高昌的社会生活方式并未受到重大影响，佛教一直在这里广为流行。这时在宗教方面一个比较重要的变化，就是产生于西藏地方的宗教——喇嘛教也传到了高昌地区，并对这里的佛教的发展产生了一定的影响。有一些反映密教题材壁画的石窟，

---

① 宋王明清：《挥麈录》前录卷四。

可能就是创建于此时。不仅如此，元代高昌地区还产生了一些全国闻名的回鹘佛教大师，如迦鲁纳答思，即精通佛教的显密教，并精通蒙、藏、梵等语文。安藏"通孔、释之书"①，曾译《尚书·无逸篇》《贞观政要·申鉴篇》进呈忽必烈，又奉命译《尚书》《资治通鉴》《难经》《本草》。必兰纳识里"幼熟畏兀儿及西天书，长能贯通三藏暨诸国语"②，他除从汉文译有《楞严经》外，还从梵文译出佛经多种。此外，还有不少回鹘僧徒，不仅在高昌建造佛寺，还到大都等地建造了不少佛寺。这些都说明佛教在高昌回鹘王国所占有的地位。

明初，这里还是信仰佛教的，据明太宗《永乐实录》载：

> 永乐六年五月……辛酉，吐鲁番僧清来率其徒法泉等来朝，贡方物。命清来为灌顶慈慧圆智普应国师，法泉等为吐鲁番等城僧纲司官。

稍后，陈诚、李暹等出使西域，其所著《西域番国志》（即《使西域记》）还记载这里有佛教和佛寺，说：

> 其国城西北百里有灵山，最大，土人言此十万罗汉涅槃处也。近山有高台，旁寺拥石泉林木。从此入山行二十里，

---

① 元程钜夫：《秦国文靖公神道碑》，《雪楼集》卷九。
② 《元史·释老传》。

至一峡，南有小土屋，从屋南登山坡得石屋，奉小佛像五。前有池，池东山石青黑，远望纷如毛发，土人言：此十万罗汉洗头削发处也。缘峡东南行六七里，登高崖，崖下小山累累，峰峦秀削，其下白石成堆似玉，轻脆不可握，堆有若人骨，色泽明润。土人言：此十万罗汉灵骨也。又东下石崖，得石简，迸出如手足；稍南至山坡，石复莹洁如玉。土人言：此辟支佛涅槃处也。云云。

这里所谈到的"石屋"等，很明显地是指石窟寺。

综上所述，我们可以肯定地说，古高昌国石窟寺的创制年代是在4—15世纪之间。15世纪后半期至16世纪，是伊斯兰教在新疆取得全胜的时期，古高昌国的佛教发展和佛寺（包括石窟寺）建筑才逐渐衰弱下去。

古高昌国石窟无论就其建筑形式，抑或就其壁画艺术风格看，都和古龟兹国和古焉耆国有显著的不同。首先古龟兹国和古焉耆国的石窟形制，多为西域式窟，即在一个长方形直洞的底端两面，开作甬道，以通后室，使中间部位成为一个中心塔柱的样子，或形成一直屏风式的照壁式样。甬道左右奥壁开凿小龛或制作壁画，后室在光线最暗处布置涅槃图像。而古高昌地区的石窟形制，多数仅是一个长方形或方形直洞，不分前后室，亦无甬道，构造比较简单。这种情况，与今吐鲁番县阿斯塔那挖掘的东晋十六国至隋唐的大多数墓葬形制相同。也和今天所知道的佛庙殿堂相似。

这种形式，可视为我国佛教艺术的创造。

其次，古高昌国石窟的壁画题材，大多是窟顶画千佛，左、右两壁的中部画各种经变故事画，如西方净土变、观音经变、弥勒经变、药师经变、报恩经变和法华经变等，构图紧凑而完整，图中组织佛、菩萨、各种人物及花树、禽鸟，边饰又多为莲花图案。不仅如此，高昌壁画还掺杂袄教、摩尼教特别是道教的内容而为人们所瞩目。这种情况，我们从今天阿斯塔那墓葬中出土的大批随葬衣物疏中也可见到。这些随葬衣物疏都是属于佛教徒的，死者都是所谓"持佛五戒、专修十善"的佛弟子，代死者移文的也是一些比丘和尚，但他们移文对象却是与佛教无关的所谓"五道大神"，并约请张坚固、李定度这类道教神仙担任"请书"和"时见"。如一件出土于TAM48号墓、年代为高昌延昌三十六年（596）的随葬衣物疏，在罗列随葬的衣物之后，这样写道：

延昌卅六年丙辰岁三月廿四日大德比丘某甲敬移五道大神仏弟子厶甲持仏五戒

专修十善宜向遐龄永赐难老但昊天

不吊以此月十九日忽然徂殒径涉五道幸

勿呵留任意听过请书张坚固时见

李定度若欲求海东头若欲觅海西

壁不得奄遏留停急急如律令

这就充分地说明，高昌地区的佛教文化是在广泛地吸收汉族文化和其他外来文化而创造出来的具有本地特点的地方佛教文化。在高昌石窟寺中，我们经常可以看到一些汉文和古回鹘文对书的题词，也能证明这一点。

古高昌国石窟的壁画艺术风格，也都受到内地汉族绘画艺术特别是唐代壁画艺术的强烈影响，但服装、饰物方面也极备地方特点。

第二节　雅尔崖石窟

雅尔崖石窟位于吐鲁番县城西 10 公里的交河水南岸的岩壁上，在此东北 1.5 公里处即是著名的交河古城。石窟群分西、南两处，现有洞窟仅存 10 个，全部为长方形纵券顶窟，没有古龟兹石窟那种有左右甬道和复壁的西域式洞窟型。石窟皆已毁损，只第 1、第 4 两窟尚有残存壁画。但我们从第 3 窟入口左壁上，见有用土红毛笔书写的"乙丑年十月二十九日巩□□到此西谷寺"的题记，设想此处过去可能有"西谷寺"的名称。

雅尔崖石窟　外景（霍旭初供图）

雅尔崖石窟第4窟　说法图（柴剑虹供图）

在南部七个石窟中，第 1 号窟可视作比较早期的代表。窟顶正面及左、右两壁均作散点平布形的千佛，佛着通肩式或双领下垂式大衣，用色以蓝、绿、黑、白四色为主，画法极接近敦煌莫高窟隋代洞窟壁画，可能是代表 6—7 世纪初的古高昌国时代的壁画。每壁中央下端一米的高处，各有说法图一铺，惜已漫漶不清。窟顶中央作莲花圆形图案三列，每列又各有十朵正在开放的莲花；在开放的莲花间穿插着正待开放的莲苞和往生灵魂，如鸟、螺等形象。中央第五莲花旁，有一✚形标记，可作为当时此地盛行摩尼教信仰的旁证。

写有"西谷寺"题记的第 3 号窟，亦为长方形纵券顶窟。全窟没有壁画，但见西壁上用金属尖锐物刻的古突厥文。这是新疆所有石窟寺中唯一见到的突厥文题记。洞内阴暗乏光，很难照相，通过摹写并请专家辨认，这些文字的大意是：可汗亲军中一个名叫 Ömüpmis 的头人，夏天病得沉重，因来此地治疗，结果把四肢的病全治好了，因此军队中的中锋传令官刻此以作纪念，并给医者 Külüg 的夫人以"水主"的职衔。这些古突厥文的刻文，不是一般地由右向左横行，而是由左向右横行的；其符号有的是鄂尔浑文符号，有的是叶尼塞文符号，有的大概又是高昌本地所特用的符号。这说明它是公元 9 世纪后半期回鹘迁居此地后的西州回鹘时代的产物，那么，第 3 号石窟的开凿也可能就在这个时期。

第 4 号窟是一个大型长方形石窟，窟形窄长，纵深达二十米以上，最后为小石室。有趣的是在深十余米处，左右两壁又各开两个方形毗诃罗窟，窟内无壁画。纵券窟顶画千佛，两壁亦残留佛说法图，亦被帝国主义分子所残毁。最后石室两壁上层所画天王像，与敦煌莫高窟五代、宋初石窟中所画天王和供养人像的形象相同，开凿亦应在高昌回鹘时代。

第三节　吐峪沟石窟

吐峪沟古称丁谷，在吐鲁番县东南约 55 公里处，今属鄯善县吐峪沟乡。从吐峪沟水上溯约 2 公里，便到火焰山山脚，在山脚沿沟水两崖下，上下分布着两层石窟，这就是吐峪沟石窟群。

吐峪沟自古以来就以盛产无核白葡萄闻名。从苏巴什山口流下来的吐峪沟水，穿过火焰山，形成一道清澈的泉水，沟水两岸绿树成荫，田园翠微，一座座葡萄园错落其间，景色迷人。这里西距高昌故城只有 10 公里，是人们出入的必经之地。石窟群向北，在苏巴什山口的西面山坡上，有一片古墓群，因年代久远，墓坟已成平地，经过试掘，曾出土大量的文物和用具。石窟群所在的东西小山上，也有不少古刹和古堡。这里，不仅残存不少的古代佛教遗迹，而且也是伊斯兰教的圣地之一。依据 1953 年的调查，这里尚残存 94 个石窟，应是古高昌国规模最大、建筑最早和最宏伟的一座窟寺。这个窟寺曾被称作丁谷窟。《鸣沙石室佚书》收录的古代《西州图经》残卷记有：

丁谷窟有寺一所，并有禅院一所。

右在柳中县界，至北山二十五里丁谷中。西去州二十里。寺其依山构，揆巇疏阶，雁塔飞空，虹梁饮汉，岩峦纷纠。丛薄阡眠，既切烟云，亦亏星月。上则危峰迢递，下则轻流潺湲。实仙居之胜地，谅栖灵之秘域。见有名额，僧徒居焉。

但是，经过许多世纪的风化剥落，特别是前几年为修建水渠而人为的炸毁，绝大部分石窟已不复存在了。沟的东南区不仅看不到一个石窟，就是西北区沟崖两岸的大量石窟也见不到了，能见到的只是留在半山中的几个残坏了的石窟。

据 1953 年的调查，可知吐峪沟石窟开凿的年代最早不晚于 5、6 世纪。如东南区当时所编的第 4 号石窟，窟作正方形穹庐顶，中心设高坛基，四壁有弧度，与中原和吐鲁番阿斯塔那所掘晋墓的建筑形式相接近。墓顶正中画莲花，四周画条幅，每条幅中画有立佛，形式古朴。穹顶外四角和四壁上层均画千佛坐佛，中层为佛本生故事画，下层漫漶不清，似为供养人像。佛本生故事画中"尸毗大王……""昔有国王名妙光，为一切……"等汉文题记，字体与近年在罗布淖尔地区发现的晋简字体相同。就其壁画风格来看，用线较粗，略加烘染，与克孜尔石窟和库木吐拉石窟相比，相当于高昌郡时期。

西北区为窟群的主要所在，沟崖两岸半山中，上下两层，错落有致。但因历久以来的山崖崩塌，看不到一个完整的窟型，窟内壁画也模糊不清。目前所能见到的，尚有第 3 窟、第 4 窟、第 5 窟、第 6 窟等。

第 3、第 4、第 5 等三个石窟，是相连的一个窟，皆为长方形穹顶，其中第 3 号窟，最后开一石室，深 3.5 米，宽 4 米，左右两壁又各有两个方形秘室，右壁第一个秘室内画佛本生故事，并有"开觉来僧智写"的题字，说不定吐峪沟石窟即是古代的高昌"开觉寺"。塌毁的第 5 号窟内，有六行字，皆被土封，通过辨认，可见有"太守""布施"等字样。前凉张轨、西凉吕光、北凉沮渠蒙逊等高昌设郡时期以及阚氏、张氏、马氏和麹氏高昌国时期，高昌皆有"太守"一职。那么，这一石窟的开凿也应在这个时代。从各石窟内壁画的题材来看，千佛座下皆为胡床，这是新疆其他各窟群所仅见的，这也可证明此窟开凿是在东晋十六国时期。另外，各窟千佛全是通肩式大衣，轮廓线多作粗线条，内部用大笔烘染，简单而朴实，边饰又为十六国时期常见的忍冬纹，这一切都说明，该窟是建造在 4 至 6 世纪。

第 6 号窟为中心方柱的长方形窟，甬道顶所画为斗四式平棋图案，前室壁画可分三层，上层及奥壁皆为立体的一佛二菩萨，面门为卢舍那本生故事；中层为说法图；下层和中心柱皆为千佛，双领下垂，可能是 6—8 世纪所作。

吐峪沟西半山上的数十个石窟几乎全部塌毁，只有一个比较

吐峪沟石窟　外景（霍旭初供图）

完整。从残余的甬道和后室顶部所画斗四藻井及其纹饰来看，亦与东岸第 6 号窟同，大致是 6—8 世纪所作。

尤可注意者，即从残存的石窟看，窟内题词皆为汉文，没有见到突厥文、回鹘文等的题字，其壁画风格又全是汉族风格。它说明，吐峪沟石窟是受汉族影响最深的一所石窟寺。

第四节　伯孜克里克石窟

伯孜克里克石窟在吐鲁番县城东北约 40 公里的木头沟中。由胜金口沿木头沟水上溯约 6 公里，便见河道西岸拐弯处的土崖上，有许多洞窟，大小不一，延续约 0.5 公里，这就是伯孜克里克石窟群。

窟群上面是平坦的戈壁滩，滩地上有一座古庙，如今已全部坍毁，只剩下东西横卧着的一封土堆。土堆两边，还可见一排土坯做的围墙痕迹，因此这里连同崖下的石窟一起，可能是古代一所很大的佛教寺院。戈壁滩下，溪水东流，绿树成荫，古庙庙门紧接河水，使对岸的石窟寺显得非常庄严肃穆。

伯孜克里克石窟在 1953 年曾编为 51 个石窟，但大部分都已坍毁，完整的很少。就其石窟性质来说，亦可分为支提窟与毗诃罗窟两种。毗诃罗窟大都为正形斗室状。支提窟的形式却是多种多样的，这里既有如克孜尔和库木吐拉等处石窟中多见的长方形

狱变"①。如果这里果真为"地狱变"，那么这不仅是新疆石窟，而且是全国石窟寺中唯一的一处②。窟顶"西方净土变"和"地狱变"左右，还有供养菩萨和天王像。南北壁各有三坐佛说法图和供养菩萨外，南壁中央还有一手执梨花式武器的天王像③。窟室正面为突出背光及灵鹫山浮雕，顶上说法图汉文题记：

兹北方相德佛像　　无非功德说此是纪耳

　　第 31 窟即德人勒柯克盗去大批壁画材料以印行《火州》画集的洞窟（见郑振铎编《西域画》下辑第 24—36 图）。此窟乃巨型长方形纵券顶窟，窟身甚为高大，宽 2.66 米，长 13.95 米。窟顶为千佛，后壁塑像，像已无存。南北壁各有大立佛八铺，高 2.98 米，宽 1.84 米，雄伟庄严，皆配合有菩萨天神。像下又画有各种供养人。佛菩萨及人物像组织紧凑，线描生动有力，颜色鲜艳如新，新疆石窟现存壁画中富丽精致到如此程度的，他处还未看见，亦为伯孜克里克劫后现存洞窟中优良壁画的代表窟。中央正壁画的涅槃像早已被勒柯克等人剥去。壁左右尚有二小龛，似曾为埋藏舍利之所。

　　第 33 窟亦为大型长方形纵券顶窟，窟顶为千佛，南北壁各有

---

① 见唐张彦远：《历代名画记》卷三。
② 编校者按：库木吐拉第 79 窟北壁存一横幅两组连环式地狱变壁画。
③ 编校者按：此窟号有误，应为第 20 窟，即格伦威德尔编号第 9 窟。

药师立佛十铺，色彩鲜明，线描遒劲有力，与第 31 窟同样可视为伯孜克里克的代表窟。

第 36 窟为一长方形纵券顶大型窟，窟身分前后两部分，前部分为窟室，后部分为秘室。前室窟顶为千佛，旁有汉文题记，惟已熏蒸，难以辨认。北壁上段佛像下似为经变，下段为故事画，细辨之可认出为尸毗王本生，即其以身贸鸽的故事。其余壁画均已残毁，秘室亦被盗窃一空。

第 38 窟原来为一大长筒形窟。后被分隔为前后二间，前间较小，后间较大。大窟正壁尚残留一菩提树下的供养少女及一老人像。用笔简朴有力，极似敦煌莫高窟初唐画法，与斯坦因在高昌窃去的《桃花美人》和现存日本东京国立博物馆的《树下人物图》作风极为近似，可认为皆 7 世纪左右所作。前间似为后来改修者，时间大约在 9 世纪左右，南北壁各画地藏佛一躯。

第 39 窟为长方形纵券顶窟，窟顶画千佛，北壁画天王及大供养菩萨五身，中央画一文殊菩萨。南壁相对处则有一普贤菩萨，左列榜书横条一，汉文，可辨识部分为：

而诸众生不劫不□菩萨……

正壁中央有莲花浮雕背光图案，可能过去此处有一立佛，残留壁画极为精湛。

伯孜克里克晚期石窟为9世纪后半叶至14世纪元末明初时期的石窟。此时石窟的形制多沿袭前期石窟式样，长方形纵券顶，后多开秘室。窟顶多画千佛，佛像下的供养人多着回鹘和蒙古人服装，极具特色；壁画的题记多是汉文和回鹘文对照；壁画风格亦与中原地区宋、元时期的画法相类似。属于这一时期的石窟有第28窟、第40窟、第41窟、第42窟和第45窟等。

第28窟为长方形纵券顶窟，窟顶的莲花图案，一如敦煌莫高窟宋代石窟壁画的作风，正壁佛背上画有一部乐器，可见有曲颈琵琶、腰鼓、钹、拍板、箜篌、忽雷等，特别是忽雷的发现，这是新疆其他石窟壁画中所没见过的。南北壁有着回鹘装的立菩萨各三身，南壁并见有明正统二十一年的题记。按正统十四年（1449），发生"土木之变"，瓦剌攻入北京，携英宗朱祁镇北去，其弟朱祁钰继位，改元景泰。七年后，明英宗被放归复位，又改元为天顺。正统无二十一年，正统二十一年当为明代宗景泰七年，即1456年。

第40窟为穹顶长方形窟，窟顶画千佛，入口左右壁有梳桃形髻或戴花冠、着回鹘服装的女供养人像以及戴山字形冠或高髻式冠、着回鹘服装的男供养人像。共分五层。其中第一层最大，可能为窟主；其他各层依次下降，逐渐缩小，似为窟主家属。此种供养人的排列方法，他处尚无所见。南壁似有一楞伽经变，即根据《楞伽经》绘画的佛说法相，亦极具特色。北壁为化身佛。

第41窟也为穹顶长方形窟，窟顶画千佛及着回鹘服装的供养人。北壁画西方净土变及观音经序分图，南壁为观音经变。画法相好端严，丰富多彩，结构紧凑，其形式亦如敦煌莫高窟中唐以后壁画风格。

第42窟也是一个穹顶长方形窟，窟顶画千佛，南北壁为船形背光之大立佛各四铺，惜已剥落殆尽。西壁为佛涅槃像，左有蒙古骑士装束的供养人像，也为他处所未见。

第45窟，是西域式窟变化而成的窟。窟顶画千佛及塔，彼此间隔。塔中又有着双领下垂式大衣的千佛。千佛旁可见汉文及回鹘文两种文字书写的榜书，甬道后壁尚见有"弟子□□□"的汉文题字，必可证明其开创在西州回鹘时期。

第五节　胜金口石窟

胜金口石窟位于吐鲁番县城以东约35公里的火焰山口半山中，山下由木头沟和胜金口沟汇合而成的宽大沟口，向来是东向内地交通的重要孔道，兰新公路也从此地经过。走近谷口，便见半山腰中有十个洞窟，洞窟下的山脚公路旁可见有用土坯砌成的方形平面的寺院遗址。寺院正中为大殿，形式与焉耆七格星南北大寺的大殿相同，大殿左右有一些长方形纵券顶的寮房。这个寺院遗址内，曾发现不少用婆罗谜文、梵文、回鹘文和汉文写的佛经残卷，并发现"开元通宝"钱。因此可以断定，胜金口石窟的

胜金口石窟　外景（霍旭初供图）

开凿，最早不晚于盛唐阶段，最迟也到西州回鹘时期了。

胜金口半山腰中的十个石窟，也分支提窟和毗诃罗窟两种，惜已全部残毁，窟型难于辨认。但从残毁的形式看，整个石窟似为都用土坯就山崖砌出纵、横券顶的方形和长方形窟，石窟前往往又有用土坯砌成的院墙遗迹。因此，有人把这些石窟全看成是寺庙遗址的。

由于石窟崩圮荒废得厉害，窟内残余壁画也很寥寥。惟在北面的两个石窟中可见枯木寒鸦图和用满枝葡萄、垂柳装饰的窟顶壁画，显示出极浓的吐鲁番地方特色，似为其他石窟所未见。其他尚可见一些窟顶千佛及用卷云组成的莲花佛像。另外，在各室中，又似乎都有回鹘文题记，说明这些残存洞窟的开创时间，是在中唐以后的西州回鹘时期了。

结语

　　总的来说，新疆天山以南的石窟艺术，由于它的分布正在中世纪时代中西交通的"丝绸之路"上，因此，它在本地方民族固有传统的基础上，吸收了内地汉族文化及外来影响（主要是古代印度和贵霜王朝的佛教艺术影响）而勃然长成，最后创造出具有新疆民族特色的光辉灿烂的新疆佛教石窟艺术。

　　从新疆现存的石窟艺术看，不论就其形制抑或壁画题材及风格来说，它并没有像许多自发的文化发展规律一般，经过一个幼稚的摸索阶段。它像一个健康人的静脉中注射了新的养分一般，立刻传到全身。所以，新疆佛教艺术的开创时期，也就是中国佛教艺术的诞生时期。从 3 世纪左右到 14、15 世纪的一千二百多年中，新疆石窟艺术是有它的伟大创造和成就的。这些伟大艺术的创造者，主要是长期居住在新疆境内的各族人民。虽然其间可能有来自我国内地和来自印度及中亚一带的僧俗画家，但是当地民族艺人是主要部分。6世纪至7世纪初我国著名的大画家尉迟跋质那、尉迟乙僧父子，就是和田人。他们所擅长的凹凸画法，不仅对新疆，而且对内地也有深刻的影响。因此，新疆石窟艺术的形成有其丰富的地方特点。它们不同于印度和中亚，更不同于希腊，就是与我国中原地区的佛教艺术也不完全一致，而是沿着自己的道路成长和发展起来的崭新的佛教艺术！

这里特别要强调的，是古龟兹的石窟艺术，如克孜尔、库木吐拉、森木塞姆等，完全是一个符合于民族历史传统、地理环境与生活背景的成功的创造，它具备着外国佛教艺术所没有的许多优越的特点，概括起来，主要在于：一、民族的形式与内容；二、现实的作风。

一、民族的形式与内容

龟兹的古代居民属于什么族，以及他们从何时起就在这里居住，目前虽然还不太清楚，并且还是一个有争论的问题，但我们从《后汉书》的记载龟兹王室姓白氏，并且一直延续到8世纪末吐蕃攻陷安西才有所改变这一情况来看，尽管其间多次受到其他民族的侵犯，这七八百年中龟兹国的古老居民及其政治形势似乎变动不大。8世纪末以后的大约半个世纪，龟兹沦为吐蕃的势力范

克孜尔石窟第 27 窟　内部结构

克孜尔石窟第 126 窟　壁画中的小鸟形象

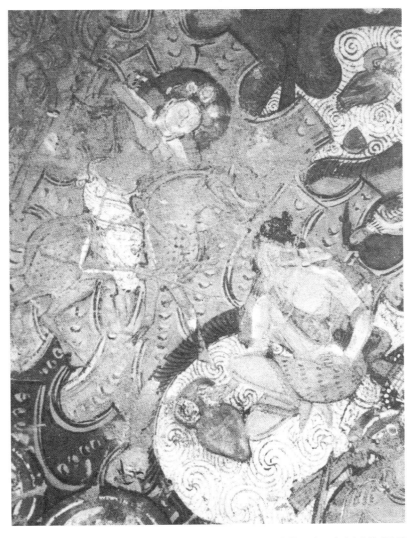

克孜尔石窟第69窟　睒子本生故事壁画

克孜尔石窟第 69 窟　佛本生故事壁画

克孜尔石窟第 69 窟　供养菩萨像

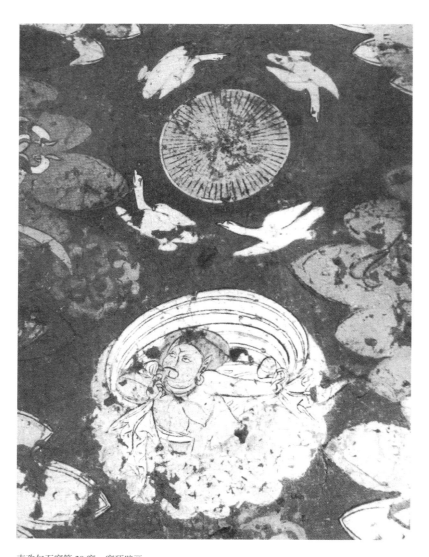

克孜尔石窟第 38 窟　窟顶壁画

克孜尔石窟第171窟　本生故事壁画中着龟兹装的人物形象

克孜尔石窟第 189 窟　供养菩萨

克孜尔石窟第 80 窟　供养伎乐

克孜尔石窟第 99 窟　有浓厚印度风味的裸体菩萨像

克孜尔石窟第 163 窟　佛本生故事壁画

库木吐拉石窟第 16 窟　供养伎乐

吐鲁番雅尔崖千佛洞第 2 窟　千佛

焉耆西克辛（七格星）千佛洞第 6 窟　穹顶壁画

吐鲁番雅尔崖千佛洞第 4 窟　说法图

吐鲁番高昌古城寺院遗址壁画

伯孜克里克石窟第 15 窟　坐佛与菩萨

伯孜克里克石窟第 9 窟　供养菩萨像

白描部分为常书鸿先生亲笔所临，路线图、方位图为常书鸿先生亲自绘制。

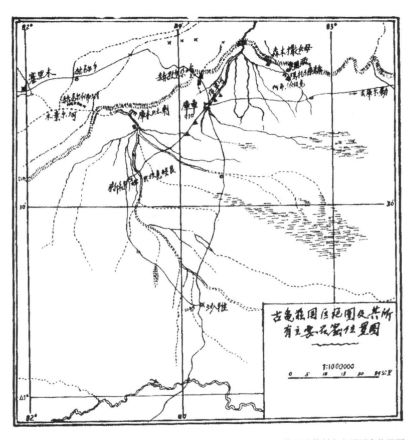

古龟兹国区范围及其所有主要石窟位置图

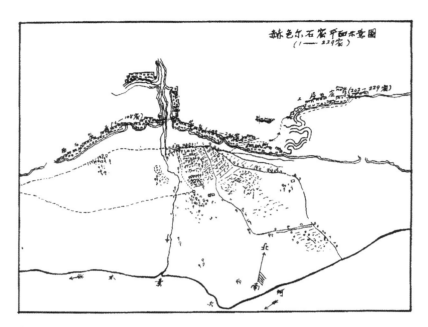

克孜尔（赫色尔）石窟平面示意图（1-229窟）

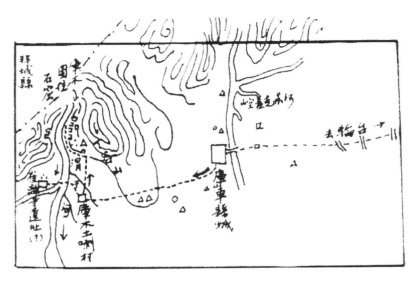

自库车去库木吐拉路线图

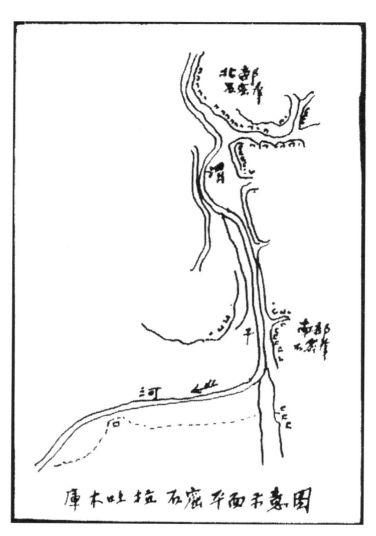

库木吐拉石窟平面示意图

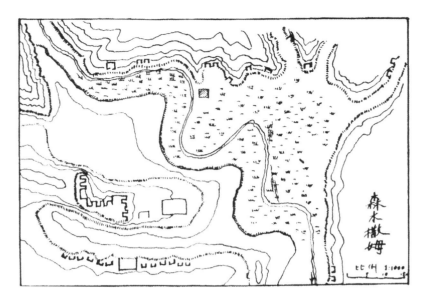

森木塞姆（森木撒姆）千佛洞平面图

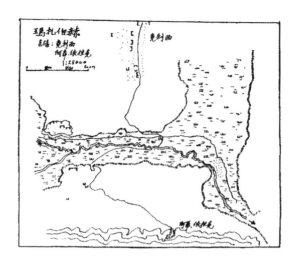

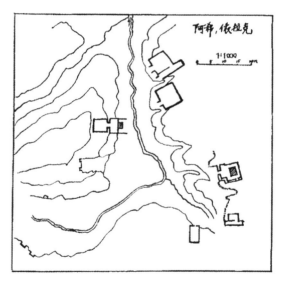

玛扎伯赫路线图

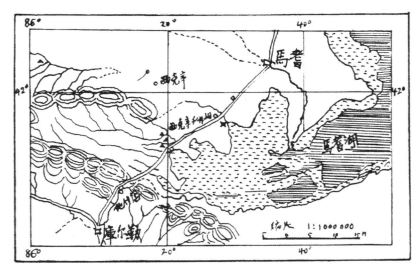

焉耆西克辛（七格星）千佛洞图

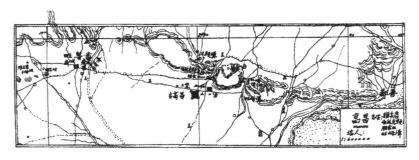

高昌（包括雅尔崖、伯孜克里克、胜金口、吐峪沟）

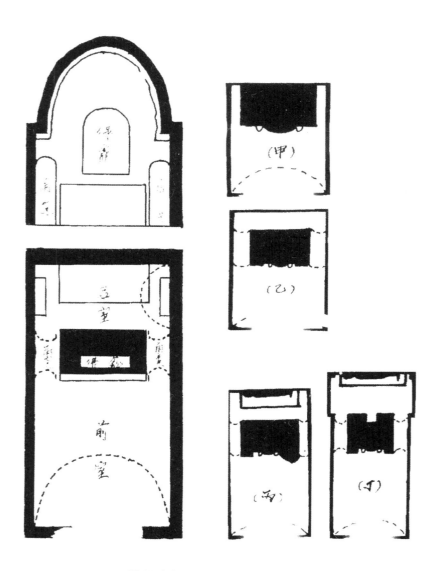

西域式洞窟分四型：甲、乙、丙、丁

窟顶剖视图

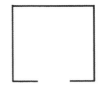

平面图

仰视图

波斯式窟

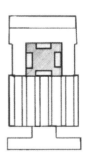

西域式石窟与中原式
石窟混合式石窟
（克孜尔石窟第 99 窟）

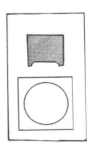

西域式石窟与波斯式
石窟混合式石窟
（克孜尔石窟第 123 窟）

西域式石窟与犍陀罗式
石窟混合式石窟
（克孜尔石窟第 207 窟）

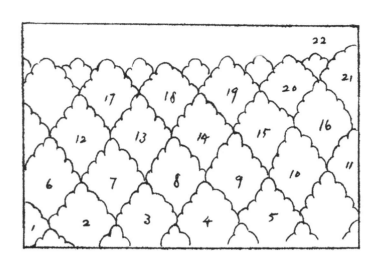

克孜尔石窟第 114 窟　窟顶及左壁菱形本生故事示意图

印度巴尔胡特石栏浮雕中树叶覆盖的庐舍屋顶装饰

印度阿旃陀石窟第 17 窟　本生故事和直线立体形分隔示意图

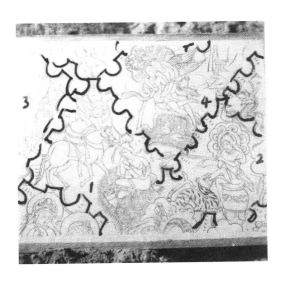

克孜尔石窟第 69 窟　穹顶本生故事直线菱形分界线

以下 12 幅为常书鸿先生线描图

克孜尔石窟第 207 窟　（"画家洞"的）画家自画像

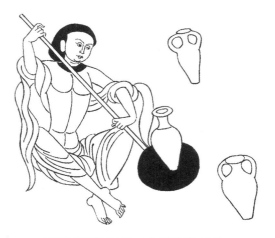

克孜尔石窟第 175 窟　古龟兹国制陶工人像

克孜尔石窟第 63 窟　壁画中飞跑的大角羊

克孜尔石窟第 67 窟　地狱变壁画

克孜尔石窟第14窟　大光明王本生故事壁画

克孜尔石窟第 14 窟　马王本生故事壁画

克孜尔石窟第 175 窟　壁画

克孜尔石窟　壁画中魔女形象

森木塞姆石窟　壁画中古龟兹国供养人

克孜尔尕哈石窟　壁画中古龟兹国供养人

克孜尔石窟新一窟 壁画中之持灯供养人

库木吐拉石窟 壁画中古龟兹国供养人

克孜尔石窟第 205 窟　争分佛舍利图

克孜尔石窟第 76 窟　乐舞供养和佛传故事画

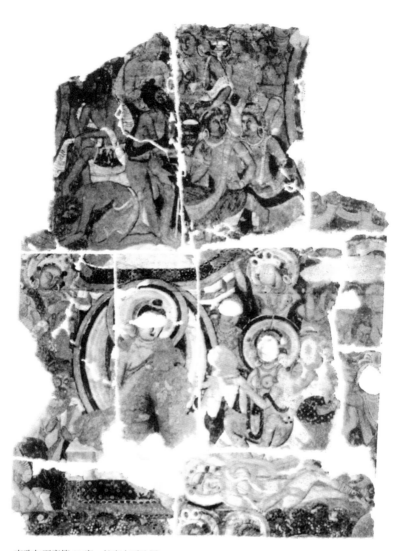

克孜尔石窟第 84 窟　长寿女听法图

克孜尔石窟第77窟　伎乐天中舞女形象

库木吐拉石窟新2窟　穹隆顶壁画

和田约特干出土的陶像　　　　　高昌古城发现的北魏时期的立佛残像

克孜尔石窟中发现的残塑

克孜尔石窟中的烧陶头像

古代西北印度犍陀罗
地区的立佛

巴楚出土的陶头

出版后记

　　汇聚名家名作、传承人文思想是湖南文艺出版社的传统。2017年，闻悉常书鸿先生毕生著作正在整理当中，经陈志明先生引荐，我社与常沙娜教授取得联系，并达成出版《常书鸿全集》的共识。随后，在诸多师友和研究机构的关心和支持下，《常书鸿全集》列入"十三五"国家重点图书出版规划项目。五年过去，全集文字部分几经补录、修订，图片不断梳理、甄别并扩容，十卷逐一成形，终于迎来付梓问世的时刻。

　　这套全集完整呈现常书鸿先生在敦煌学领域的非凡成就、在绘画艺术中的远见卓识，以及他饱含爱国热情、久经戈壁风霜的传奇人生。为方便读者领略常先生多种成果，查阅常先生各类作品，全集以文章所涉题材和体裁为分卷标准，分为如下十卷：卷一《敦煌莫高窟